Jo Berry

WENN DU DOCH GLAUBEN KÖNNTEST
Wie Sie Ihrem Partner helfen,
Christ zu werden

W0178586

Jo Berry

Wenn du doch glauben könntest

Wie Sie Ihrem Partner helfen, Christ zu werden

Schulte & Gerth

Ich danke allen Männern und Frauen, die geduldig meine Fragen beantwortet und mir ihre Herzen geöffnet haben. Obwohl alle Berichte und Vorfälle in diesem Buch der Wahrheit entsprechen, habe ich die meisten Namen geändert, um die Identität der Betroffenen zu schützen.

Mein besonderer Dank gilt den Frauen, die sich stundenlang Zeit genommen haben, um meine ausführlichen Fragebögen auszufüllen. Ihr wisst, wer gemeint ist, und Gott weiß es auch. Ohne eure Hilfe und die Einblicke, die ihr mir gewährt habt, wäre dieses Buch nicht möglich gewesen.

Die amerikanische Originalausgabe erschien im Verlag
Zondervan Publishing House, Grand Rapids, Michigan,
unter dem Titel »Beloved Unbeliever«
© 1981 by Zondervan Publishing House
Aus dem Amerikanischen übersetzt von Wolfgang Stedtnitz.

Auf der Grundlage der neuen Rechtschreibregeln.
Die Bibelstellen wurden, falls nicht anders angegeben,
der »Gute Nachricht Bibel« entnommen.
© 1997 deutsche Bibelgesellschaft

Best.-Nr. 815 565
ISBN 3-89437-565-5
2. Auflage 1999
Umschlaggestaltung: Michael Wenserit
Satz: Verlag Schulte & Gerth
Druck und Verarbeitung: Schönbach-Druck, Erzhausen
Printed in Germany

INHALT

VORWORT

Ich kann mir kaum eine schwierigere oder traurigere Situation für eine Ehefrau vorstellen als die, »am fremden Joch mit den Ungläubigen« (vgl. 2 Kor 6,14; Luther) zu ziehen, das heißt mit einem Mann verheiratet zu sein, der kein Christ ist. Egal, ob die Frau das Gebot von Paulus, das dieser der Gemeinde in Korinth in seinem zweiten Brief gab, wissentlich übertrat oder ob sie erst nach der Hochzeit ein neues Leben mit Jesus begann und ihr Mann diesen Schritt nicht vollzog: Die Lage, in der sie sich befindet, ist keineswegs beneidenswert, nicht selten sogar verzweifelt.

Einerseits möchte sie dem biblischen Gebot gehorsam sein, sich als eine Gehilfin »ihrem Ehemann unterzuordnen in allen Dingen«, andererseits belastet es sie sehr, dass der Mensch, den sie liebt, geistlich gesehen tot ist und – sollte er nicht ebenfalls umkehren – die Ewigkeit von Gott getrennt verbringen wird. Hinzu kommt, dass in vielen solcher Ehen zwischen den Partnern radikale Meinungsverschiedenheiten über Lebensstil und Moral bestehen. Ich kenne eine Reihe von Frauen, die sich in einer solchen Situation befinden und nicht wenige von ihnen haben mir gegenüber zum Ausdruck gebracht, dass sie ihre Lage für hoffnungslos halten.

Ich habe das vorliegende Buch vor allem deshalb geschrieben, weil ich davon überzeugt bin, dass eine solche Einschätzung der Lage falsch ist. Für alle Frauen, die mit einem Nichtchristen verheiratet sind: Es gibt Hoffnung! Es gibt Einsichten und Strategien, die Ihnen, wenn Sie sie erst einmal verstanden und beherzigt haben, Ihr Eheleben um ein Vielfaches erleichtern werden. Denn: Gott hat Ihnen als gläubige Ehefrau die wichtige Aufgabe zugedacht, seine Liebe dem Menschen vorzuleben, den er noch viel mehr liebt, als Sie es sich vorstellen können.

Zunächst einmal müssen Sie jedoch Ihre Situation (und vor allem: Ihren Mann) positiv sehen. Nach meiner Erfahrung machen zu viele Frauen den Fehler, ihren nichtchristlichen Ehemann (vielleicht auch unbewusst) innerlich abzulehnen. Die Tatsache, dass er »nicht gerettet« ist, ist das Einzige, woran sie noch denken können. Die Sorge um das Seelenheil des geliebten Partners dominiert die Beziehung und erstickt das Positive, das trotz allem vorhanden ist.

Ich möchte mir die Sache gewiss nicht zu leicht machen und will es vermeiden, Ihnen irgendwelche »Patentrezepte« anzubieten. Letztlich müssen Sie selbst umdenken und von innen heraus Handlungsweisen und Strategien entwickeln, wie Sie Ihrem ungläubigen Partner begegnen können. Das Buch enthält deshalb am Ende jedes Kapitels einen Studienteil, der sich mit entsprechenden Bibelstellen und weiterführenden Fragen zum Thema befasst. Auf diese Weise können Sie selbst entscheiden, *was* Sie in Ihrem Leben an biblischer Einsicht umsetzen wollen und *wann* Sie das tun wollen.

Ich hoffe und bete, dass Sie trotz allem Ihre Situation als Ehefrau nicht nur akzeptieren, sondern sogar genießen lernen. Lassen Sie sich zeigen, wie das möglich ist!

Jo Berry

Kapitel 1

Das fremde Joch –
Begründungen

Eine meiner Lieblingsbeschäftigungen besteht darin, an schönen Sommertagen irgendein Pfadfinder-Treffen zu besuchen und zuzuschauen, was die kleinen Knirpse so alles treiben. Eines Tages war es wieder einmal soweit. Nach dem großen Picknick sollte am frühen Nachmittag der sportliche Endkampf starten. Das letzte und entscheidende Rennen hieß »Vater-Sohn-Dreibein-Lauf«. Was verbarg sich wohl hinter diesem vielversprechenden Namen? Nach einigen Minuten wusste ich, worum es ging: Die Väter der »Junior-Scouts« wurden aufgerufen, eines ihrer Beine mit dem ihrer neun- oder zehnjährigen Söhnen zusammenzubinden zu lassen. Es musste eine Strecke von etwa fünfzig Metern zurückgelegt werden und das Team, das als erstes durchs Ziel »gehoppelt« war, bekam den großen Pfadfinder-Pokal. Ich kann Ihnen sagen, wir Zuschauer haben Tränen gelacht!

Manchmal zog der Sohn so stark am Bein seines Vaters, dass erst der Große und dann der Kleine hinfiel. Mal fielen beide zusammen schon nach den ersten drei Metern um und mal lief der Vater ohne Rücksicht auf Verluste aufs Ziel zu und sein kleiner Sohn konnte nur noch schreien: »Nein, Papi, nein! Ich komm doch gar nicht so schnell mit!«

Doch dem Vater schien das egal zu sein. Er wollte Erster sein und er schaffte es. Als er mit seinem »lästigen Anhang« dann endlich das Ziel erreicht hatte, wälzten sich die beiden am Boden und freuten sich trotz allem riesig, dass sie den Pokal gewonnen hatten.

Eine merkwürdige Situation, nicht wahr? Zwei Menschen wurden (im wahrsten Sinne des Wortes) aneinander gebunden – Menschen, die völlig unterschiedlich waren, unterschiedlich alt, unterschiedlich groß und unterschiedlich begabt. Und wissen Sie, was alle Teilnehmer (ohne Ausnahme!) als Erstes taten, nachdem sie durchs Ziel gegangen waren? Sie lösten ihre Fesseln, um wieder frei zu sein.

Man kann sich kaum vorstellen, dass sich Menschen, die zusammengebunden sind, so sehr aneinander gewöhnen könnten, dass sie für den Rest ihres Lebens verbunden bleiben wollen. Nein, die Bindung war ihnen ziemlich lästig.

Es ist in der Tat furchtbar, nicht von jemandem wegzukommen, der völlig anders ist als man selbst, der rennt, wenn man Ruhe haben möchte, und sich ausruht, wenn man voller Aktivität steckt. »Ein ungleiches Paar, das nicht am selben Strang zieht« – genau das ist es, was man sich unter dem Ausdruck »am fremden Joch mit dem Ungläubigen ziehen« vorzustellen hat.

Was bedeutet »am fremden Joch ziehen«?

»Am fremden Joch mit den Ungläubigen ziehen« ist ein biblischer Ausdruck. Er wird in der Schrift allerdings nur ein einziges Mal gebraucht, und zwar von Paulus im 2. Korintherbrief, Kapitel 6, Vers 14. Wörtlich heißt es dort: »Zieht nicht am fremden Joch mit den Ungläubigen« – oder wie es in der »Gute Nachricht Bibel« von 1997 umgangssprachlicher heißt: »Macht keine gemeinsame Sache mit Ungläubigen.« Der Ausdruck »am fremden Joch ziehen« trifft die Bedeutung der griechischen Ursprache sehr gut: Jemand ist zusammengebunden (»gejocht«) mit jemandem, der nicht zu ihm passt.

Als moderne Menschen des technisierten 20. Jahrhunderts haben die meisten von uns wahrscheinlich Schwierigkeiten, sich ein Joch konkret vorzustellen. Für die Menschen des Altertums (und auch noch des Mittelalters) war ein Joch etwas Alltägliches. Es war eine Holzkonstruktion mit Ösen an den Enden, die den Ochsen um den Hals gelegt und anschließend verzurrt wurde, um die Tiere aneinander zu binden und dazu zu zwingen, in dieselbe Richtung zu gehen und dieselbe Arbeit zu verrichten, zum Beispiel einen Pflug zu ziehen. Es handelte sich dabei also um eine Art von »Zwangs-Teamwork«.

Das Joch war so konstruiert, dass die Ochsen gezwungen waren, im Gleichschritt zu gehen. Wenn der eine Ochse nicht vorwärts wollte, konnte auch der andere nicht gehen, und wenn der eine nach vorn strebte, musste der andere mitziehen, ob er wollte oder nicht. Wenn die Tiere nicht miteinander, sondern gegeneinander arbeiteten, schadeten sie sich selbst. Das Joch drückte ihnen dann die Luft ab oder fügte ihnen Schmerzen am Hals zu. Die einzige Möglichkeit, diesen Schmerzen zu entgehen, bestand darin, sich so gleichmäßig wie möglich zu verhalten.

Wenn Paulus sagt, wir sollen nicht am gleichen Joch mit den Ungläubigen ziehen, will er damit deutlich machen, dass die Bindung eines Gläubigen an einen Ungläubigen unweigerlich Probleme mit sich bringt. Beide Teile werden Schmerzen verspüren und der gläubige Partner wird feststellen, dass seine Freiheit als Christ und sein Leben mit Gott stark beeinträchtigt werden.

Viele Frauen, deren Männer keine Christen sind, konnten mir dies auf Grund ihrer eigenen Erfahrung bestätigen. Sie müssen mit jemandem zusammenleben, der in geistlicher Hinsicht völlig anders ist als sie selbst. Die Frau will ein geheiligtes, vorbildliches Leben führen und lebt Seite an Seite mit einem Mann, der in den Augen Gottes zur »Welt« gehört und damit »unrein« ist.

Zwangsweise werden viele solcher Ehefrauen in Situationen geraten, die sie eigentlich ablehnen. Sie tun etwas, von dem sie wissen, dass es ein Christ nicht tun sollte, oder kommen mit Menschen zusammen, von denen sie wissen, dass sie zur »schlechten Gesellschaft« gehören. Aber sie haben keine Wahl. Sie sind »unter dem Joch« und können nicht ausbrechen.

Gelegentlich haben sie den Eindruck, dass sie unter keinen Umständen mehr mitziehen dürfen, und brauchen fast übermenschliche Kräfte, um sich gegen das Joch zu wehren. Konflikte und seelische Verletzungen sind die Folgen. Wenn man diese Frauen fragt, ob sie sich in ihrer Ehe bedingungslos geborgen fühlen, werden sie dies verneinen. Vielleicht führen sie in den Augen ihrer Mitmenschen eine glückliche Ehe – eine »entspannte Ehe« führen sie jedenfalls nicht.

Wie kann ein Mensch in eine solche Situation geraten? Was veranlasst eine Frau dazu, sich mit jemandem zu verbinden, der nicht an Jesus Christus glaubt? Meiner Ansicht nach gibt es dafür vier Gründe, die ich im Folgenden näher beschreiben möchte.

Mögliche Gründe für die Ehe mit einem Nichtchristen

1. Die Frau kommt nach der Eheschließung zum Glauben

Dieser Grund ist meiner Erfahrung nach der häufigste. Zunächst heiraten zwei Nichtchristen und einer der beiden findet dann früher oder später zum Glauben. Das heißt, die Tatsache, dass die Frau am »ungleichen Joch« mit dem Mann zieht, ist unmittelbare Folge ihrer Umkehr.

Nach vielen Gesprächen mit Frauen, für die diese Situation zutrifft, liegt mir viel daran zu betonen, dass in einem solchen Fall die Frau keinerlei Schuld trifft. Sie war nicht bekehrt, als sie heiratete, und wenn dies nach der Heirat geschieht, sollte man sich darüber freuen und es ihr nicht zum Vorwurf machen. Eine Übertretung des biblischen Gebots (vgl. 2 Kor 6,14) lag nicht vor.

Nicht Ungehorsam, sondern das souveräne Handeln des allmächtigen Gottes hat zu einer solchen »Mischehe« geführt. Es war Gottes Wille, die Frau zu sich zu ziehen, und es war seine Wahl, dies beim Ehepartner nicht zu tun. Kurz: Die Tatsache, dass hier eine Christin mit einem Nichtchristen verheiratet ist, entspricht Gottes Willen.

Wie oft geschieht es in frommen Kreisen, dass sich Menschen dies nicht bewusst machen. »Aha!«, denkt manch einer, »die Frau ist gläubig, der Mann nicht. Also war die Frau ungehorsam!« Falsch! Nach meiner Erfahrung ist dies gar nicht so oft der Fall. In den allermeisten Fällen ist die Frau erst *nach* der Hochzeit zum Glauben gekommen und der Mann nicht.

Dana fand sich in eben dieser Lage wieder. Ich bat sie, mir zu erzählen, wie sie diese Situation erlebt hatte. Zunächst, so berichtete sie, sei ihr gar nicht klar gewesen, dass dies überhaupt ein Problem sei.

»Ich war erst vor noch nicht allzu langer Zeit zum Glauben gekommen und kannte die Aussagen der Bibel kaum. Also wusste ich auch nichts von dem Vers, der besagt, dass man nicht mit einem Nichtchristen ›am selben Joch ziehen‹ soll. Als mir dann klar wurde, dass ich mich in dieser Situation befand, war es zunächst sehr schlimm. Fast tat es mir hinterher Leid, dass ich zum Glauben an Jesus Christus gekommen war, denn ich empfand die Entscheidung *für*

Gott gleichzeitig als eine Entscheidung *gegen* meinen Mann. Irgendwann stand mir dann glasklar die Tatsache vor Augen, dass Nichtchristen nicht in den Himmel kommen, und ich dachte: ›Wenn mein
Mann sich nicht bekehrt, kommt er in die Hölle.‹

Ich glaube, dieser Gedanke war der allerschlimmste. Ich sehnte
mich danach, dass Clint auch erleben würde, was ich erlebt hatte. Ich
wünschte mir so sehr, dass er auch die Liebe Gottes erfahren würde,
und erschauderte gleichzeitig bei dem Gedanken, dass wir die
Ewigkeit getrennt voneinander verbringen würden. Schließlich trös-
tete ich mich damit, dass es doch keinen Grund gibt, warum Clint
nicht auch zu Gott finden sollte. Gott hatte mich angesprochen und
er würde es mit meinem Mann ebenso tun. Seither gehe ich davon
aus, dass Clint irgendwann einmal Jesus Christus als seinen Herrn
und Erlöser in sein Leben aufnehmen wird.«

Ich hoffe und bete, dass Dana mit dieser Annahme Recht behält.
Ich kenne in der Tat viele Fälle, in denen es so war: Erst kam die
Frau zum Glauben an Jesus Christus und dann, nach einiger Zeit,
auch der Ehemann. Oft benutzt Gott die gläubige Frau dazu, um dem
Mann das Evangelium praktisch vorzuleben. Noch vor kurzem hörte
ich die Geschichte einer überglücklichen Frau, die ihren Mann in die
Arme geschlossen und mit ihm zusammen gebetet hatte. Eine andere Frau erzählte mir: »Ich stand gerade am Herd, um das Mittagessen
vorzubereiten, und auf einmal steht John in der Tür und sagt mir, er
wolle Jesus in sein Leben aufnehmen. Acht Jahre lang hatte ich auf
diesen Augenblick gewartet und dafür gebetet!«

Das Muster »Ehefrau führt Ehemann zum Glauben« scheint demnach häufig anzutreffen zu sein. Aber es muss nicht so sein und
manchmal dauert es oft Jahre oder Jahrzehnte. Und die betroffenen
Frauen haben lernen müssen, was es heißt, das biblische Bild einer
gottgefälligen Mutter und Ehefrau praktisch zu leben.

2. Der Schein trügt

Ein zweiter, häufiger Grund, warum gläubige Frauen mit ungläubigen Männern verheiratet sind, ist der, dass die Frau denkt, ihr Freund
oder Verlobter sei Christ, und erst hinterher feststellt, dass er es nicht

ist. Bis zu einem gewissen Grade ist hier natürlich Naivität mit im Spiel, aber oft sind Frauen tatsächlich davon überzeugt, einen Christen zu heiraten und fallen dann später aus allen Wolken, wenn sie feststellen, dass sie sich geirrt haben. Ich kenne Fälle, bei denen der ungläubige Partner sogar selbst davon überzeugt war, Christ zu sein, ganz zu schweigen von dem Pfarrer, der das Paar traute.

Natürlich gibt es auch Männer, die einer Frau vorspielen, dass sie sich bekehrt haben. Er weiß:»Sie heiratet mich nur, wenn ich Christ werde.« Und er spielt das Spiel mit. Oft sieht eine Frau nicht unter die Oberfläche und tröstet sich damit, dass ihr Freund oder Verlobter tatsächlich Veränderungen zeigt (»Frucht bringt«), dass er mit in den Gottesdienst und den Hauskreis kommt, dass er das christliche Vokabular beherrscht und sogar die Bibel liest. Doch all das macht einen Menschen noch lange nicht zum Christen.

Janine hat eine solche Situation am eigenen Leib erlebt.»Ich hätte meine Hand dafür ins Feuer gelegt, dass Jeff Christ war!«, sagte sie mir.»Schließlich habe ich ihn auf einer Gemeindefreizeit kennen gelernt und die Hochzeit war einfach himmlisch.« Erst im Laufe der Zeit, so erzählte sie weiter, sei sie dahintergekommen, dass der Schein trog und sich ihr Mann immer mehr von geistlichen Dingen zurückzog. Es ging schließlich so weit, dass Jeff ihr eines Tages drohte:»Hör endlich mit deinem frommen Gelaber auf. Das geht mir total auf die Nerven. Und untersteh dich, mir nochmal eine Predigt über Himmel und Hölle zu halten!«

»Was fühlten Sie, als Sie feststellten, dass Jeff kein Christ war?«, wollte ich wissen.

»Mir ist buchstäblich schlecht geworden!«, erinnerte sich Janine. »Ich habe ein paar Tage lang kaum gegessen und fast zehn Pfund abgenommen. Dann machte ich mir ein paar Wochen lang was vor. ›Natürlich ist er Christ!‹, redete ich mir ein. ›Er ist nur schlecht gelaunt und ein bisschen vom Weg abgekommen. Schließlich ist in der Bibel auch von fleischlichen Christen die Rede!‹ Mein Pastor, mein Seelsorger und sogar eine gute Freundin sagten dasselbe. Ich solle ihn nicht verurteilen, sondern für Wachstum beten, meinten sie, und hinterher fühlte ich mich total schuldig!«

Irgendwann, so fuhr Janine fort, habe sie aber dann doch keinen Zweifel mehr daran gehabt, dass ihr Mann keine lebendige Beziehung zu Jesus hatte. »Es war einfach offensichtlich, dass ich einen Hunger nach geistlichen Dingen hatte und er nicht!«, erzählte sie mir. »Seine Denkmuster waren so völlig anders als meine und auch seine Einstellung mir gegenüber änderte sich derart radikal, dass ich mir schließlich hundertprozentig sicher war, dass er nicht errettet war. Geistlich gesehen herrschte eine richtige Feindschaft zwischen uns. Wir befanden uns in verschiedenen Lagern und machten gegenseitig auf Opposition! Eines Abends trank er dann mehr, als er sollte, und wir stritten uns, dass die Fetzen flogen. Ich habe ihn dann schließlich lautstark gefragt, warum er mich damals belogen und behauptet habe, er sei Christ. Er sagte, ich sei ihm das wert gewesen und er habe mich nicht verlieren wollen. Er habe sich eingebildet, die ›Sache mit der Religiosität‹ schon in den Griff zu bekommen, und habe zu spät festgestellt, dass es bei mir mehr gewesen war als bloße Religiosität. Wir haben dann die halbe Nacht durchdiskutiert und ein paar Regeln für unsere Ehe aufgestellt, aber ich kann Ihnen sagen: Ich war dermaßen enttäuscht, dass ich dachte, ich halte es nicht mehr aus.«

Dann berichtete Janine, wie schwer es ihr gefallen sei, ihren christlichen Freundinnen unter die Augen zu treten. »Wie konnte ich zugeben, dass ich auf seine Show hereingefallen war? Damit hätte ich mir doch selbst ein Armutszeugnis ausgestellt!« Es habe sie dann ein wenig getröstet, dass eine ihrer Freundinnen gesagt habe: »Du warst nicht die Einzige, die darauf hereingefallen ist!«

»Was für mich besonders schwer zu ertragen ist«, schloss Janine, »ist die Tatsache, dass ich mich nicht damit trösten kann, dass Jeff die Bibel nicht kannte oder nichts von Gott wusste. Er wusste sehr wohl Bescheid und er muss sich in vollem Bewusstsein gegen Gott entschieden haben. Was gibt es Schlimmeres?

Er erzählt immer diesen blöden Witz, dass er lieber in die Hölle als in den Himmel kommen will, weil er da wenigstens seine Freunde wiedertrifft. Er merkt gar nicht, wie weh mir das tut. Wie kann ich über so was lachen, wenn ich davon überzeugt bin, dass es bittere Realität werden könnte?!«

Was können wir aus Janines Situation lernen? Gibt es irgendein Rezept für christliche Frauen, das ihnen zeigt, wie sie einen echten Christen von einem falschen unterscheiden können? Eine Patentlösung gibt es sicher nicht und ich habe Janines Geschichte unter anderem deshalb so ausführlich berichtet, weil ich möchte, dass sie eine Warnung für Menschen ist, intensiv darüber nachzudenken, ob der Partner ihre Wahl ist oder die Wahl Gottes.

Die Bibel macht unmissverständlich klar, dass eine Frau keinen Nichtchristen heiraten darf. Dies bedeutet jedoch auch, dass uns Gott zeigen wird, ob unsere Wahl auch seine Wahl ist, wenn wir ihn darum bitten. Natürlich kann eine Frau nicht davon ausgehen, dass ihr Freund oder Verlobter Christ ist, nur weil er irgendwelche typisch christlichen Aktivitäten an den Tag legt und zur Kirche geht. Viele Frauen, mit denen ich bei der Vorbereitung meines Buches sprach, sagten mir, dass es tatsächlich gewisse Zeichen dafür gab, dass sie diese jedoch ignorierten, da sie über beide Ohren verliebt waren und diesen Mann unbedingt heiraten wollten. Liebe macht blind und nicht wenige Frauen zahlen einen hohen Preis für ihre Naivität.

3. »Was ich nicht weiß, macht mich nicht heiß«

Ein weiterer Grund, warum christliche Frauen einen Nichtchristen heiraten, ist der, dass sie es schlicht aus Unwissenheit tun. So war es beispielsweise bei mir der Fall. Ich stamme aus einem christlichen Elternhaus und nahm schon mit acht Jahren Jesus als meinen persönlichen Herrn und Erlöser an. Doch in der Denomination, in der ich aufwuchs, waren Taufe und Christsein synonyme Begriffe, und so setzte ich letztlich Taufe mit Gläubigwerden gleich. Jedenfalls wuchs ich in der festen Überzeugung auf, dass ich Christin war, weil ich getauft war.

Als ich dann George, meinen zukünftigen Mann, traf, war ich vor allem von seinem vorbildlichen Charakter beeindruckt. Da er mir versprach, sich nach der Hochzeit ebenfalls taufen zu lassen, ging ich davon aus, dass er damit gerettet sei.

Schon während der Verlobungszeit ging George jeden Sonntag mit mir zur Kirche und er tat überhaupt alles, um mich in religiöser Hinsicht zufriedenzustellen. Wir heirateten in einer presbyterianischen Kirche und ich weiß noch, wie der Pfarrer davon sprach, dass unsere Ehe »in Gott geschlossen« werde und dadurch uns in unserer

Meinung, wir seien beide gläubig, nur bestätigte. Wir kannten »den Laden« ja auch und wir wussten, wie man sich in christlichen Kreisen benimmt und ausdrückt. Meine Eltern waren damals leider schon tot, aber meine beiden Brüder (die beide Christen sind!) hatten nichts gegen unsere Heirat und waren wohl auch der Ansicht, dass George gläubig war.

Erst nach zehn Jahren Ehe stellten sich Schwierigkeiten ein und wir standen nach einiger Zeit kurz vor der Scheidung. Damals ging ich zum ersten Mal in eine Kirche, die wirklich ein an der Bibel orientiertes Christentum predigte. Daraufhin nahm ich erneut – und diesmal mit vollem Ernst und in vollem Bewusstsein – Christus als meinen Herrn und Erlöser in mein Leben auf; George tat dasselbe (für ihn war es das erste Mal) und wir waren nun tatsächlich »in Gott vereint«.

Ich möchte mit meiner Geschichte nicht den Eindruck erwecken, dass Gott Unwissenheit oder Naivität segnet, dennoch bin ich davon überzeugt, dass es ihm wichtig ist, welche Motivation hinter unseren Entscheidungen und Handlungen steht. In meinem Falle war es tatsächlich so, dass ich auf Grund des Wissens handelte, das ich von meinen Eltern und den Pastoren unserer Gemeinde vermittelt bekommen hatte, und in gewisser Weise nichts dafür konnte, dass ich einer Fehlinformation aufgesessen war.

Ich heiratete einen Nichtchristen einzig und allein aus dem Grunde, weil ich nicht wusste, dass man einen Nichtchristen nicht heiraten darf, besser gesagt: weil ich noch nicht einmal wusste, dass so nette Menschen wie mein Ehemann nicht unbedingt eine lebendige Beziehung zu Christus haben müssen.

Ich bin seither noch anderen Ehefrauen begegnet, die aus Unwissenheit einen Nichtchristen geheiratet haben. Leider haben einige ihrer Lebensgeschichten (zumindest bisher) kein Happy End gefunden und ich kann die Frage, warum Gott mir gnädig war und anderen nicht, auch nicht beantworten. Aus irgendeinem, mir unerfindlichen Grund hat Gott in seiner Güte darauf verzichtet, mich für meine Unwissenheit zu strafen, denn normalerweise gilt: »Unwissenheit schützt vor Strafe nicht« und ich hätte schließlich nicht unwissend bleiben müssen, wenn ich meine Bibel nur etwas fleißiger gelesen hätte! Die Folgerung, die ich daraus ziehe, ist Dankbarkeit und der

Wunsch, alles in meiner Macht Stehende zu tun, um ihm seine Güte zu vergelten.

Da der einzige Weg, um Umwissenheit zu vermeiden, Bibelstudium ist, stehen alle Christen und Gemeinden vor der Aufgabe, die jungen Leute in ihrer Gemeinde mit dem nötigen Wissen über dieses Gebot zu versorgen. Rechtzeitig vorzubeugen ist besser als lebenslange Beziehungsprobleme!

4. »Ich werde ihn zum Glauben führen!«

Der vierte Grund, warum Frauen einen Nichtchristen heiraten, liegt in einem wissentlichen und direkten Ungehorsam gegenüber dem biblischen Gebot aus dem zweiten Korintherbrief:

> »Macht keine gemeinsame Sache mit Ungläubigen! Wie passen denn Gerechtigkeit und Ungerechtigkeit zusammen? Was hat das Licht mit der Finsternis zu tun? Ist Christus in Einklang zu bringen mit dem Teufel? Haben Glaubende etwas mit Ungläubigen gemeinsam? Haben Götzenbilder etwas im Tempel Gottes zu suchen? Und das sind wir doch: der Tempel des lebendigen Gottes [...]« (2 Kor 6,14-16).

Inhaltlich besteht diese Passage aus zwei Teilen: Der erste enthält das Verbot der Ehe mit einem Nichtchristen (»Macht keine gemeinsame Sache mit Ungläubigen«); der zweite liefert die Begründung. Warum ist es undenkbar für eine gläubige Frau, sich mit einem ungläubigen Mann zu verbinden? Weil ein gläubiger Mensch ein Kind Gottes ist, in dem der Heilige Geist wohnt, und ein Ungläubiger unter der Herrschaft des Teufels lebt.

Um die Undenkbarkeit und Unmöglichkeit einer solchen Verbindung zu verdeutlichen, stellt der Apostel Paulus einige rhetorische Fragen, z. B.: »Wie passen denn Gerechtigkeit und Ungerechtigkeit zusammen?« Diese Frage bezieht sich auf den Status des Gläubigen: Er kann durch den stellvertretenden Tod Christi vor Gott als gerecht bestehen. Wer an Christus glaubt und die Vergebung der Sünden persönlich in Anspruch genommen hat, ist nach den Worten der Heili-

gen Schrift »gerecht vor Gott«. Gott akzeptiert ihn, weil er »durch
Christi Blut reingewaschen« ist. Dass ein solcher Mensch keine Ehe
mit einem Nichtchristen eingehen darf, der nicht gerecht ist, liegt eigentlich auf der Hand.

Dann stellt Paulus die Frage, was das Licht mit der Finsternis zu
tun hat. Das griechische Wort für »Gemeinschaft« lautet *koinonia*. Es
bedeutet:»mit jemandem eine enge und innige Verbindung eingehen,
und zwar derart, dass eine Gemeinschaft des Herzens und der Seele
daraus resultiert«. Johannes betont in seinem Brief:»Gott ist Licht,
in ihm gibt es keine Spur von Finsternis« (1 Joh 1,5). Als Christen
sind wir aufgerufen,»im Licht zu wandeln« und Gemeinschaft mit
Gott und anderen Christen zu haben. Es kann keine Gemeinschaft
mit der Finsternis, das heißt mit Menschen geben, die nicht an Gott
glauben, denn wo die Finsternis herrscht, verlöscht das Licht.

Den Höhepunkt in der Argumentationskette von Paulus bildet die
abschließende Frage:»Ist Christus in Einklang zu bringen mit dem
Teufel?« Es ist klar: Zwischen Gott und dem Teufel kann es keinen
Pakt geben; allein der Gedanke daran ist unmöglich. Genauso unmöglich sollte es sein, dass sich ein gläubiger Mensch mit einem
Nichtchristen verbindet, denn dies wäre in gewisser Weise ein Pakt
mit dem Teufel.

Warum verbietet Gott die Verbindung mit einem Nichtchristen?

Dafür gibt es nach meiner Überzeugung zwei Gründe. Der erste ist
der, dass Gläubige »wiedergeboren« sind. Ein Mensch, der Christus
als seinen Herrn und Erlöser angenommen hat, ist geistlich lebendig;
ein Nichtchrist ist geistlich gesehen tot. Die Bibel lässt an dieser Tatsache keinen Zweifel.

Ich werde nie eine Predigt vergessen, in der der Pastor für diesen
Sachverhalt einmal ein sehr drastisches Beispiel verwendete:»Wer
als wiedergeborener Mensch jemanden heiratet, der nicht wiedergeboren ist«, erklärte er,»macht es genauso wie Doktor Frankenstein:
Er lässt sich mit einem Monster ein, das ihn irgendwann einmal beherrschen wird.«

Eine Frau, die eine lebendige Beziehung zu Christus hat und sich dann an einen Nichtchristen bindet, amputiert sich – bildlich gesprochen – ein lebendes Bein und näht sich dafür ein totes Bein an. So etwas kann nicht funktionieren! Das tote Bein wird nie wieder zum Leben erwachen. Im Gegenteil: Es wird auch das lebende Bein infizieren und schließlich den ganzen Körper zerstören. Und so sehr sie es auch bereut: Die Frau wird ein Leben lang unter den Folgen ihrer Entscheidung leiden müssen.

Warum ist es in den Augen Gottes so schlimm, wenn sich ungläubige und gläubige Menschen in einer Ehe miteinander verbinden? Vor allem deshalb, weil diese Verbindung ein Affront gegen seine Heiligkeit ist. Gott hasst die Sünde und lebt »getrennt von allem, was schlecht und böse ist« (so eine Definition des Wortes »heilig«). Wer ihm nachfolgt, sollte darauf bedacht sein, rein und heilig zu leben. So hat er es selbst befohlen (vgl. Lev 11,45)!

Eine »Mischehe« tritt die Heiligkeit Gottes mit Füßen und verletzt zudem das, was Paulus an anderer Stelle sagt, nämlich, dass die Gemeinschaft zwischen Mann und Frau ein Gleichnis ist für die Gemeinschaft Christi mit seiner Braut, der christlichen Gemeinde (vgl. Eph 5,32). Auch wenn Gott in seiner Gnade darauf verzichtet, die Ehefrau und die aus einer solchen Verbindung hervorgegangenen Kinder für unrein zu erklären (vgl. 1 Kor 7,14), muss er dennoch dem nichtgläubigen Partner, der es ablehnt, auf Gott und sein Wort zu hören, den Rücken kehren.

Gott kann mit dem nichtchristlichen Partner keine Gemeinschaft haben, wenn dieser ihn nicht auch als Herrn und Erlöser annimmt – seine Sünde trennt ihn also von der Gegenwart und Gnade Gottes.

Ein Zweites kommt hinzu: Fast immer wird es zu Konflikten kommen zwischen dem Lebensstil des ungläubigen Partners und dem der gläubigen Frau. Zur Zeit des Alten Testaments handelte Gott in dieser Hinsicht sehr radikal. Als zur Zeit des Propheten Esra die Kinder Israels dazu übergegangen waren, sich außerhalb des eigenen Volkes zu verheiraten, sprach Gott einen Bann aus über alle nichtisraelitischen Männer und Frauen und wies sie aus dem Land.

Warum hat er so heftig reagiert? Esra gibt uns die Antwort: Weil die Ungläubigen Gott mit ihren »Greueltaten« beleidigt hatten. Wer sich mit einem solchen Menschen einließ, nahm unweigerlich teil an der Götzenverehrung und den Ritualen der heidnischen Naturreligionen.

In einigen Fällen sind Alkoholismus, Mord und Totschlag, Inzest, Ehebruch und Entweihung Gottes die Folgen, wenn sich Christen mit Nichtchristen einlassen, »gemeinsame Sache mit Ungläubigen machen«, wie es in der »Guten Nachricht« heißt.

Denken Sie nur an David, der sich mit der schönen Bathseba einließ, oder an König Salomo, früher der weiseste Mensch, der je gelebt hat, dann aber – als er sich mit ungläubigen Frauen einließ – ein Sklave seiner eigenen Dummheit. Der Mann, dem wir große Teile unserer Bibel verdanken, war in seinen letzten Lebensjahren ein gebrochener Mensch. Warum? Weil ihm schöne, aber ungläubige Frauen wichtiger waren als Gehorsam gegenüber Gottes Geboten.

Wir ernten, was wir gesät haben

Und wie straft Gott eine Frau, die sein Gebot in dieser Weise übertreten und als geistlich Lebende eine Verbindung mit einem (geistlich) Toten eingegangen ist? Die Frauen, die ich kenne und mit denen ich gesprochen habe, haben mir auf diese Frage fast immer geantwortet: »Ich wusste, was ich tat. Ich bin selbst schuld und jetzt ernte ich, was ich gesät habe.« Fast täglich müssen sie unter den negativen Folgen ihrer Entscheidung leiden.

Zunächst einmal leiden sie unter den ständigen Differenzen wegen ihrer Weltanschauung. Die Kinder hören auf der einen Seite Geschichten über Gott und merken auf der anderen Seite, dass ihr Vater für diesen »frommen Kram« überhaupt kein Verständnis hat. Die Frau fühlt sich hin- und hergerissen zwischen ihrem Mann und ihrem Herrn. Der Gedanke, dass sie die Ewigkeit bei Gott verbringen wird und ihr Mann nicht, belastet sie ständig, ganz abgesehen davon, dass sie sich niemals einen geistlichen Rat holen kann bei dem Menschen, den sie auf dieser Welt am meisten liebt.

Und dennoch gibt es auch für solche Menschen Hoffnung. Gott hat ihr die Versicherung gegeben, dass »er nicht will, daß einige zugrunde gehen. Er möchte, daß alle Gelegenheit finden, von ihrem falschen Weg umzukehren« (2 Petr 3,9). Jede Frau, die am »fremden

Joch« mit einem Ungläubigen zieht, kann sich also – unabhängig davon, ob sie in diese Situation aus Ungehorsam geraten ist oder weil sie sich erst nach der Heirat bekehrt hat – darauf verlassen, dass Gott gnädig ist und sich die Errettung ihres Ehemanns noch viel sehnlicher wünscht als sie selbst.

Einige der Frauen, mit denen ich gesprochen habe, trösten sich mit einem Vers aus der Apostelgeschichte: Als Paulus und Silas aus dem Gefängnis befreit werden, fragt der Gefängniswärter die beiden: »Was muß ich tun, um gerettet zu werden?« und Paulus und Silas antworten daraufhin: »*Jesus* ist der Herr! Erkenne ihn als Herrn an und setze dein Vertrauen auf *ihn*, dann wirst du gerettet und die Deinen mit dir!« (Apg 16,30-31) Man wird aus dieser Aussage zwar nicht folgern dürfen, dass sich ein ganzer Haushalt oder eine ganze Familie automatisch mitbekehrt, wenn es erst einmal ein Mitglied getan hat. Dennoch kann man dieser Verheißung entnehmen, dass auf einer (noch) ungläubigen Familie, in der es eine(n) Gläubige(n) gibt, ein besonderer Segen ruht und dass der gläubige Mensch einen liebevollen und fast unwiderstehlichen Einfluss auf die Nichtchristen ausübt, der zu der Hoffnung berechtigt, dass Gott auch ihnen die Umkehr ermöglicht.

Darüber hinaus sollten wir immer im Hinterkopf behalten, dass Christus auch für die Sünde des Ungehorsams am Kreuz bezahlt hat. Ja, es ist schlimm für eine Frau, den »Fehler ihres Lebens« zu machen, aber dennoch darf sich eine Frau, die ihn gemacht hat, der göttlichen Liebe und Vergebung bewusst sein. Sie sollte immer daran denken, dass ihre Schuld »im tiefsten Meer versenkt« ist, und sich an die Verheißung und den Segen halten, den Gott ihr und ihrer Familie versprochen hat.

Studienteil

1. Lesen Sie bitte Esra 9,1-10,19 und beantworten Sie dann folgende Fragen:

   a) Mit welchen Worten werden hier Nichtchristen beschrieben?

   _____

   _____

   b) Esra 9,2: Welche Sünde bekennen die Leiter?

   _____

   _____

   c) Esra 9,6: Mit welchen Gefühlen reagiert Esra?

   _____

   _____

   d) Esra 9,12: Wie sehen die (unlauteren) Motive aus, die zu »Mischehen« führen?

   _____

   _____

   e) Esra 10,3-4: Kann man aus der Tatsache, dass das Gesetz verlangte, die Fremden hinauszuschicken, schließen, dass Gott die Scheidung gutheißt bzw. dass eine Frau, die »am fremden Joch mit dem Ungläubigen zieht« sich von ihrem Ehemann scheiden lassen darf (vgl. hierzu auch 1 Kor 7,12-13)?

   _____

   _____

2. Lesen Sie, was in den folgenden Bibelstellen über »Hoffnung«
gesagt wird, und beantworten Sie dann die folgenden Fragen:
a) Psalm 39,7; 71,5: Welche Hoffnung gibt es für eine Frau, die
einen Nichtchristen geheiratet hat?

_____

_____

b) Psalm 43,5: Was kann eine solche Frau gegen ihre Nieder-
geschlagenheit oder Depression tun?

_____

_____

c) Sprichwörter 10,28; Jeremia 17,7: Welches Resultat der Hoffnung wird in diesem Vers angesprochen?

_____

_____

d) Klagelieder 3,26: Dieser Vers gibt Frauen, die mit Nichtchristen verheiratet sind, einen besonders guten Rat. Welche beiden Verhaltensweisen sollte sich eine solche Frau zu Eigen
machen?

_____

_____

e) Römer 8,24-25: Kann man der in diesen Versen zum Ausdruck kommenden Wahrheit entnehmen, dass die Ehefrau eines Nichtchristen darauf vertrauen darf, äußerliche Anzeichen
für seine Errettung zu sehen? Warum bzw. warum nicht?

_____

_____

Wie sollte sie sich verhalten?

_____

_____

Kapitel 2

Die Frau –
»Gehilfin« des Mannes

Es scheint, als leiden Frauen, die mit einem Nichtchristen verheiratet sind, vor allem darunter, dass sie sich einreden, ihre Ehe sei völlig anders als die ihrer Freundin, die mit einem gläubigen Partner verheiratet ist. Auch das durchschnittliche Gemeindeleben trägt nicht selten dazu bei, dass sich Frauen mit nichtchristlichen Männern »außen vor« gelassen fühlen. Eine Single-Arbeit gibt es zwar inzwischen in fast jeder Gemeinde, aber was tut die verheiratete Frau, deren Mann kein Christ ist? Sie muss alleine in die Bibelstunde oder den Hauskreis gehen; sie hat keine Begleitung auf dem Gemeindeausflug; sie kommt solo in den Gottesdienst. Und zu Hause fühlt sie sich erst recht einsam. Was sie in der Predigt gelernt hat, wird sie ihrem desinteressierten Mann kaum sagen können, und ein gemeinsames Bibelstudium kommt erst recht nicht in Frage. »Ich bin die große Ausnahme«, denkt eine solche Frau, »die Regel sind die gläubigen Ehepaare und Familien.«

Ich fürchte, die gläubigen Familien und Paare tragen ihrerseits dazu bei, die mit einem Nichtchristen verheiratete Frau in ihrer Einstellung zu bestärken. Ob absichtlich oder nicht, bewusst oder unbewusst: Die glücklich Verheirateten halten nach außen hin das Image aufrecht, dass sie wirklich glücklich sind und dass alles, was sich im Familienleben abspielt, auf einer hochgeistlichen Ebene geschieht. Doch auch das christliche Ehepaar hat Probleme und gelegentlich nicht nur Probleme, sondern sogar tiefe Krisen, die eine seelsorgerliche Beratung erforderlich machen. Auch wenn es um die Erziehung der Kinder geht, ziehen christliche Ehepaare durchaus nicht immer am selben Strang. Viel zu oft sagt der eine »Hüh« und die andere »Hott«, in den wichtigen Fragen ebenso wie in den weniger wichtigen (»Wohin fahren wir in Urlaub?« – »Wie viel Geld geben wir in die Kollekte?« – »Kaufen wir einen grünen oder einen blauen Wagen?«).

Der christliche Ehemann, der abends müde von der Arbeit nach Hause kommt, ist viel zu oft meilenweit entfernt von der Idealvorstellung, die sich die mit einem Nichtchristen verheiratete Frau macht. Er brüllt die Kinder vielleicht noch häufiger an als ein ausgeglichener Nichtchrist und er betet durchaus nicht so regelmäßig mit seiner Frau zusammen, wie er es vielleicht sollte. Christen sind auch nur Menschen – und zudem oft noch besonders schwierige.

Warum ich Ihnen das alles erzähle? Weil ich die Erfahrung gemacht habe, dass die christlichen Paare und Familien durch ihre »Keep smiling«-Haltung den armen Frauen, die keine christlichen Ehemänner haben, ein Idealbild vorgaukeln, das diesen schwer zu schaffen macht. Mehr noch: Die Frau des ungläubigen Mannes wird in Versuchung gebracht, sämtliche Probleme, die sie hat, einzig und allein der Tatsache zuzuschreiben, dass sie und ihr Mann in geistlicher Hinsicht keine Einheit bilden (während in Wirklichkeit das Hauptproblem ganz woanders liegt!). »Wenn du doch nur glauben könntest«, denkt eine solche Frau, »ja, dann wäre unsere Ehe eine gute Ehe!«

Ich habe eine Reihe von Ehefrauen für dieses Buch interviewt und fast alle gaben an, zwar verstandesmäßig zu wissen, dass eine Ehe nicht plötzlich perfekt wird, wenn sich der ungläubige Partner bekehrt, »aber insgeheim«, so sagten sie mir, »haben wir wohl alle die leise Hoffnung, dass die Beziehung nach seiner Umkehr zu einem Stück Himmel auf Erden wird«.

Nicht selten sind solche Ehefrauen sogar regelrecht eifersüchtig auf ihre Glaubensgeschwister, die mit Christen verheiratet sind. »Die hat's gut!«, seufzt manche Ehefrau und beginnt mindestens jeden zweiten ihrer Gedanken mit der Formel »Ach, wäre er doch …«« oder »Ach, würde er doch …«. Dass eine solche Einstellung nicht gerade die ideale Motivation dazu ist, dem Mann – ob Christ oder nicht – eine Stütze und Ermutigung zu sein, liegt auf der Hand. Constanze sagte mir zu diesem Thema: »Wie viele andere meiner Freundinnen, die mit Nichtchristen verheiratet sind, habe auch ich erst lernen müssen, meine Identität nicht in meinem Ehemann zu suchen. Ich erinnere mich noch heute an den Tag, an dem mir klar wurde, dass das eine ganz falsche Einstellung war. Es kam mir vor, als hätte der Herr zu mir gesagt: ›Constanze, dein Leben steht und fällt doch nicht mit der Tatsache, dass Robert errettet wird. Was würde denn passieren, wenn er tatsächlich den Weg nicht fände? Was würde dann aus deiner Ehe werden? Wäre es noch eine Ehe oder nicht?‹

Seit jenem Tage«, fuhr meine Bekannte fort, »habe ich mir vorgenommen, nicht länger nur herumzusitzen und auf den ›Tag X‹ zu warten. So sehr ich es mir anders wünsche, aber ich bin bereit, auch dann ›meine Frau zu stehen‹, wenn sich Robert entschließen sollte, sich nicht zu Gott zu bekehren!«

Und dann sagte Constanze noch etwas, das mir besonders gut gefiel: »Ich glaube, jetzt bin ich wirklich frei – frei, als Ehefrau so zu leben, wie es Gott gefällt. Und Robert ist nicht mehr mein ›ungläubiger Mann‹, sondern ›mein Mann‹. Er ist der Mann, den ich liebe und mit dem ich den Rest meines Lebens verbringen werde.«

Constanze hat etwas gelernt, das ich für eine der wichtigsten Lektionen halte, die eine Frau lernen muss, die mit einem Nichtchristen verheiratet ist. Sie haben auch als Frau eines ungläubigen Ehemanns die Verantwortung, ja die Pflicht, eine gute Ehefrau nach dem Willen Gottes zu sein! Gott hat jeder Ehefrau Aufgaben und Pflichten gegeben, völlig unabhängig davon, ob der Mann ihren Glauben teilt oder nicht. Erst wenn eine Frau dies erkennt und nicht ständig wie ein wandelnder Vorwurf herumläuft (nach der Devise: »Wenn du Christ würdest, würde sich alles ändern«), wird sie in der Lage sein, ihrem Mann zu dienen und ihm dann (vielleicht) den Weg zum ewigen Leben zu zeigen.

Was versteht die Bibel unter »Gehilfin«?

Grundsätzlich ist die Aufgabe der Frau, die mit einem Nichtchristen verheiratet ist, dieselbe wie die der Frau, die mit einem Christen verheiratet ist: Sie soll ihren Mann respektieren und ihm eine Hilfe und Stütze sein. Wie uns die Schöpfungsgeschichte berichtet, wurde erst der Mann geschaffen und dann die Frau. Im Garten Eden hatte Gott, der Herr, ungetrübte Gemeinschaft mit Adam, dem Menschen. Adam hatte Spaß an seiner Arbeit und merkte dennoch, dass ihm etwas, besser gesagt jemand, fehlte. »Es ist nicht gut, dass der Mensch so allein ist«, dachte Gott, »ich will ein Wesen schaffen, das ihm hilft und das zu ihm paßt« (Gen 2,18). In dieser Bibelübersetzung kommt sehr gut zum Ausdruck, welche Aufgabe Gott der Frau zugedacht hat. Die Frau wurde von Gott erschaffen, um ihren Mann in körperlicher, geistiger und geistlicher Hinsicht zu unterstützen und zu vervollständigen.

Die Frau ist der ausgleichende Faktor im Leben des Mannes: Wo er schwach ist, ist sie stark; wo ihm die Sensibilität fehlt, hat sie eine feine Antenne; wo er verletzlich ist, bleibt sie hart. Ein Ehepaar ist das kleinste und effektivste Team, das es auf dieser Welt gibt. Die Frau ist die beste Assistentin, die sich der Mann vorstellen kann.

Übrigens ist das Wort »Gehilfin« oder »Helferin« in seiner männlichen Form genau dasselbe Wort, das an anderer Stelle der Heiligen Schrift für Gott selbst verwendet wird. Wie oft heißt es, dass Gott uns eine »Hilfe« ist, unser Führer und unser Retter. Dabei ist jedoch nicht an eine rein passive Abhängigkeit des einen vom anderen gedacht, weder in der Beziehung Gott/Mensch noch in der Beziehung Mann/Frau. Die Gemeinschaft ist stets dynamisch, voller Leben, gewissermaßen immer »in Aktion«. Und so wie Eva zu Adam passte, hat Gott auch heute noch für jeden Mann eine Frau vorgesehen, die zu ihm passt wie ein Puzzleteil zum anderen. Die Frau unterstützt und ergänzt ihren Mann und gibt ihm das, was ihm niemand sonst auf der Welt geben kann. Sie ernährt ihn intellektuell, emotional und geistlich, vorausgesetzt, sie ist bereit, die Aufgabe, die ihr Gott als Ehefrau zugedacht hat, auszuüben.

Wenn Paulus im Neuen Testament den ehelichen Bund mit dem Bund vergleicht, den Gott mit seinem Volk, der christlichen Kirche oder Gemeinde, geschlossen hat, schließe ich daraus: Gott erwartet von der Frau, dass sie ihrem Mann in derselben Weise hilft, wie er seinen Kindern – der christlichen Gemeinde – hilft. Vielleicht kommt Ihnen dies merkwürdig vor, denn wie oft hören wir genau das Gegenteil, nämlich, dass der Mann der Beschützer und Helfer der Frau sein soll. Und doch haben mir viele Frauen bestätigt, dass der Mann eine solche Hilfe wirklich braucht. Die Frau schützt ihn vor unnötigen und überflüssigen Problemen, schafft zu Hause eine Atmosphäre des Friedens und Wohlbehagens, in der er sich voll entfalten kann, unterstützt seine Gesundheit, indem sie gutes und gesundes Essen kocht, sorgt dafür, dass er körperlich und geistlich gesehen nicht zu kurz kommt. Sie kennt seine Schwächen und Stärken ebenso wie seine Bedürfnisse und sie tut alles dafür, um ihm das Leben so angenehm wie möglich zu machen.

Eine Gehilfin ist treu

Hilfe und Unterstützung, wie ich sie gerade geschildert habe, sind ohne das Element der »Treue« nicht denkbar. Auch Gott, unser erster und wichtigster Helfer, ist treu. »[…] seine Liebe ist jeden Morgen neu und seine Treue unfaßbar groß«, schreibt der Prophet Jeremia (Klgl 3,23). »Groß« bedeutet in diesem Zusammenhang »so groß wie möglich«. Gott ist nicht nur ein bisschen treu und beschützt uns manchmal. Gott ist ein Gott der Superlative. Seine Fürsorge ist unermesslich – so groß, dass man sie sich größer gar nicht vorstellen kann! Er enttäuscht uns nie, ist immer da, wenn wir zu ihm rufen, und handelt sogar an unserer Statt, wenn wir uns dessen überhaupt nicht bewusst sind. Die Frau sollte sich diese unendliche Treue Gottes zum Vorbild nehmen und versuchen, sie auch im ehelichen Miteinander zu verwirklichen.

Eine Ehefrau nach dem Willen Gottes »macht […] ihm Freude und enttäuscht ihn nie« (Spr 31,12) und: »Ihr Mann kann sich auf sie verlassen, sie bewahrt und mehrt seinen Besitz« (Spr 31,11). Die Frau versucht, dem Vorbild Gottes nachzueifern. Gott ist die Liebe und wer so liebt, »gibt nie jemand auf, in jeder Lage vertraut und hofft sie für andere; alles erträgt sie mit großer Geduld« (1 Kor 13,7).

Eine Gehilfin gibt guten Rat

Eine weitere Eigenschaft einer Gehilfin ist die einer Ratgeberin. Auf diesem Gebiet sind leider viele christliche Ehefrauen verunsichert. Sie sind der (irrigen) Ansicht, dass es sich für eine Frau, insbesondere eine christliche Frau, nicht gehört, ihrem Mann zu sagen, was er tun soll. »In der Bibel steht doch, dass wir uns unserem Mann unterordnen sollen«, sagen oder denken sie, »und wie kann ich mich unterordnen, wenn ich meinem Mann dauernd sage, was er nach meiner Überzeugung tun soll, wenn ich Vorschläge mache oder anderer Meinung bin?« »[…] du leitest mich nach deinem Plan« (Ps 73,24), heißt es über Gott in der Bibel und dieses »ratgebende Leiten« sollte auch die Frau zu verwirklichen versuchen: indem sie ihrem Mann sagt, was sie denkt und von seinen Vorschlägen hält, indem sie ihrerseits Vorschläge (auch Gegenvorschläge) macht, indem sie sich zur Verfügung stellt mit den Gaben und Einsichten, die Gott ihr gegeben hat.

In einer Ehe, wo Mann und Frau »ein Fleisch« geworden sind, ist es ganz natürlich, dass der eine den anderen beeinflusst. Insbesondere, wenn der Ehemann nicht an Christus glaubt, ist es wichtig, dass seine Frau (die ja vielleicht die einzige Quelle für guten Rat ist, die er hat) alles daran setzt, um ihrem Mann biblisch fundierten und moralisch guten Rat zu geben.

Ich erinnere mich in diesem Zusammenhang an ein Gespräch mit einer Frau, die ich Vivian nennen möchte. Völlig aufgelöst kam sie in mein Büro, um ihr Herz auszuschütten: »Stell dir vor, Sam will unsere gesamten Ersparnisse nehmen und sich davon ein Segelboot kaufen. Was soll der Unsinn? 20 000 Dollar für nichts und wieder nichts! Ich versuche, an allen Ecken und Enden zu sparen, und er wirft alles zum Fenster raus!«

Nachdem ich Vivian ein Taschentuch gegeben und sie sich ein wenig beruhigt hatte, stellte ich die Frage, die ich in solchen Situationen immer stelle: »Ich nehme an, du hast ihm deine Bedenken nicht vorenthalten. Wie hat er reagiert, als du ihm sagtest, dass du die Idee nicht gut fändest?« Sie schwieg betroffen und sagte dann: »Ich habe ihm gar nichts davon gesagt!« Auf meine Frage, warum sie es nicht gewagt habe, ihm ihre Gedanken und Gefühle mitzuteilen, zitierte sie einen Bibelvers: »Für euch Frauen gilt dieselbe Regel: Ihr müßt euch euren Männern unterordnen, damit die von ihnen, die das Wort nicht hören wollen, durch eure Lebensführung auch ohne Wort für den Glauben gewonnen werden« (1 Petr 3,1).

Wir verbrachten den Rest des Gesprächs damit, uns darüber zu unterhalten, wo der Unterschied zwischen Passivität und Unterordnung liegt. Als sie mein Büro verließ, war sie wieder zuversichtlich und davon überzeugt, dass es ihr nicht nur erlaubt, sondern dass sie sogar dazu verpflichtet war, ihrem Mann zu sagen, wie unsinnig sein

Plan war. Schließlich gibt es im Leben noch andere Dinge als Segel-
boote und aus Vivians Worten war deutlich hervorgegangen, dass es
in dieser Ehe zunächst einmal um ein Haus ging, das groß genug war
für all die Kinder, die sie sich wünschten.

Nach einiger Zeit rief Vivian mich an und erzählte: »Also, ich
hätte nicht gedacht, dass er mir zuhören würde, und noch viel weni-
ger, dass er auf meinen Vorschlag eingehen würde. Stell dir vor, am
Ende des Gesprächs hat er mir gesagt: ›Du hast Recht‹ und sich sogar dafür bedankt, dass ich es ihm auf eine so nette Art und Weise
gesagt hatte!« Nicht auszudenken, was geschehen wäre, wenn diese
Frau ihren Ärger und ihre Bedenken in sich hineingefressen hätte.
Bitterkeit und Groll wären die Folge gewesen, wenn nicht sogar
Schlimmeres. Und vor allem: Die beiden wären niemals in so kurzer
Zeit stolze Hausbesitzer geworden! In diesem Fall ging es also nicht
um Unterordnung, sondern um Rat und darum, dass derjenige einen
großen Fehler begeht, der es besser weiß und dennoch schweigt.

Immer wieder erzählen mir Ehefrauen von Nichtchristen, dass sie
angeblich keinerlei Einfluss auf die Entscheidungen ihres Mannes
hätten. »Was soll's? Er macht ja sowieso, was er will!« Das oder so
ähnlich sagen und denken sie. Aber ich glaube das einfach nicht! Ich
bin vielmehr davon überzeugt, dass das Problem dieser Frauen feh-
lende Kommunikationsbereitschaft ist. Sie haben Angst, sich mitzuteilen und sich verwundbar zu machen, und fürchten sich wahrscheinlich auch davor, dass ihr Mann ihnen ihren Glauben »madig«
machen könnte. Doch an offenen Gesprächen führt in einer Ehe kein
Weg vorbei! Kommunikation hat mit Glauben zunächst einmal gar
nichts zu tun. Sagen Sie, was Sie denken und empfinden. Sagen Sie
es freundlich, aber unzweideutig! Reden Sie »die Wahrheit in Liebe«, auch als Frau eines nichtchristlichen Ehemanns.

Eine Gehilfin ist eine Freundin

Ein weiterer Aspekt, den ich dem Begriff »Gehilfin« im biblischen
Kontext entnehme, ist der einer »guten Freundin«. Nachdem Gott
die Welt erschaffen hatte, fand er sie »gut«. Nur eins war nicht gut:
die Tatsache, dass der Mensch allein war. Gott wusste das von An-

fang an, aber ich bezweifle, dass Adam es wusste. Gott entschloss sich deshalb, es ihm auf eine ganz unzweideutige Art und Weise klarzumachen. »Ich will ein Wesen schaffen, das ihm hilft und das zu ihm paßt«, sagt er (Gen 2,18), doch zunächst tut er etwas anderes: Er erschuf die Tiere und brachte sie zu Adam, damit der ihnen Namen gab (Vers 19). Nachdem Adam diese Aufgabe erfüllt hatte, war ihm klar, dass bei all den Lebewesen, die er nun persönlich kennen gelernt hatte, keines dabei war, das zu ihm passte, ihn ergänzte und mit dem er innige Gemeinschaft haben konnte. Dass Gott erst die Tiere und dann die Frau schuf, liegt meiner Überzeugung nach einzig und allein daran, dass er dem ersten Menschen zeigen wollte, was er ohne seine Frau war: unfertig und nur ein halber Mensch.

Für Sie als Ehefrau eines Nichtchristen ist es ganz wichtig, dass Sie sich daran erinnern, dass sich an dieser Tatsache niemals etwas ändern wird. Es ist ein Schöpfungsprinzip Gottes, dass Ihr Mann Sie braucht, völlig unabhängig davon, ob er selbst an den Schöpfer glaubt oder nicht. Viele Frauen nichtchristlicher Ehemänner sagen mir: »Er versteht mich doch gar nicht!« Und dann laufen sie zu ihren christlichen Freundinnen und schütten dort ihr Herz aus. So wichtig es ist, sich gelegentlich auszuweinen, und so richtig es ist, dass Ihr Mann Sie in geistlicher Hinsicht nicht oder nur schwer verstehen kann: Dies ändert nichts an der Tatsache, dass er Sie braucht und es genügend andere Bereiche gibt, in denen Sie beide sehr wohl harmonieren können.

Meine Freundin Cindy ist ein gutes Beispiel für eine solche eheliche Harmonie. Ihr Mann Mike ist nicht gläubig, aber ein ganz feiner Kerl! Die beiden gehen zusammen ins Kino oder Theater; sie spielen samstags Golf; sie reisen in der Weltgeschichte herum und verstehen sich prächtig! Cindy und Mike führen eine wirklich glückliche Ehe.

Cindy kam acht Jahre nach der Hochzeit zum Glauben. »Wie schaffst du es, trotzdem so glücklich mit deinem Mann zusammenzuleben?«, fragte ich sie. »Weißt du, ich sehe es so«, antwortete sie mir. »Es stimmt, dass Mike und ich keinen gemeinsamen Glauben haben, aber was wir gemeinsam haben, ist eine ganze Menge, und darauf konzentriere ich mich! Ich liebe Mike doch heute nicht weniger als damals. Was mich an ihm fasziniert hat, als ich ihn kennen lernte – seine Zielstrebigkeit und seine Lebensfreude –, fasziniert mich auch heute noch. Er ist einfach ein toller Kerl und ich glaube nicht, dass Gott mir meinen Mann mies machen möchte. Im Gegenteil: Gott möchte, dass unsere Beziehung immer besser wird!«

Ich weiß, Frauen wie Cindy gibt es nicht gerade wie Sand am Meer. Aber es gibt sie und sie zeigen mir jedesmal wieder neu, wie schön es ist, wenn sich eine Frau dazu entschließt, auch als Ehefrau die beste Freundin ihres Mannes zu sein.

Was sind die besonderen Merkmale einer Freundin? Ich glaube, dass man die Aussagen in den Sprichwörtern Salomos über die Qualitäten des (männlichen) Freundes auch auf die Frau übertragen kann. Sie »steht allezeit zu dir« (Spr 17,17) und »[hilft] dir wie ein Bruder« (Spr 18,24). Jesus sagte einmal, dass ein Freund (oder eine Freundin) sogar bereit sein sollte, sein (oder ihr) Leben hinzugeben: »Niemand liebt mehr als einer, der sein Leben für seine Freunde opfert« (Joh 15,13). Welche Herausforderung für eine christliche »Ehefreundin«.

Eine Gehilfin schenkt ihrem Mann sexuelle Erfüllung

Es ist schade, dass hier so viele Ehefrauen an ein »Muss« denken. Doch die sexuelle Gemeinschaft sollte nicht nur »eheliche Pflicht« sein, sondern beiden Partnern Freude und Erfüllung bringen. Gott sagte zu Eva: »Es wird dich zu deinem Mann hinziehen [...]« (Gen 3,16). Sexuelle Lust ist also etwas Normales und von Gott Gewolltes. Und der Wunsch nach körperlicher Vereinigung ist bei einer Frau auch dann vorhanden, wenn ihr Ehemann ihren Glauben nicht teilt.

Ich erinnere mich an eine Frau, die vor einigen Jahren einmal zu mir kam, als ich gerade mit Tonbandaufnahmen für ein Seminar über »Sexuelle Erfüllung in der Ehe« beschäftigt war. Sie sagte mir etwas, das ich nie vergessen werde: »Ich bin mit einem Nichtchristen verheiratet. Als wir uns kennen lernten, waren wir beide nicht gläubig; ich habe mich später bekehrt, aber mein Ehemann nicht. Inzwischen ist es so, dass ich jedesmal, wenn wir miteinander schlafen, von Schuldgefühlen geplagt werde!« Auf die Frage, warum das so sei, antwortete sie: »Um es einmal ganz krass zu sagen: Weil ich ein Kind Gottes bin und er noch immer ein Kind des Teufels ist, und wenn ich mich mit ihm vereinige, kommt es mir so vor, als ob Licht und Finsternis einen Bund eingehen. Können Sie verstehen, dass mir der Sex keine Freude mehr macht?«

Ich konnte es verstehen, obwohl ich die Ansicht dieser Frau für völlig falsch halte. Schauen wir doch einmal in der Bibel nach, was sie zu diesem Thema zu sagen hat. Zunächst einmal das: Sex ist Gottes Erfindung! Es heißt: »So schuf Gott die Menschen [...] als Mann und als Frau« (Gen 1,27). Die Ehe ist eine Schöpfung Gottes und die körperliche Vereinigung ist das Siegel für diese von Gott gewollte und geheiligte Ehe. Die ersten Menschen »fanden nichts dabei«, nackt zu sein; sie schämten sich nicht, wie es in der Bibel heißt (vgl. Gen 2,25). Die sexuelle Verbindung von Mann und Frau ist also nicht nur von Gott geschaffen, sondern auch von Gott erwünscht!

Der Apostel Paulus, der sich speziell mit dem Problem des »Ziehens am fremden Joch mit den Ungläubigen« befasste, sagt nichts darüber, dass in den Augen Gottes das körperliche Element in einer Ehe zwischen einer Christin und einem Nichtchristen weniger wert oder gar schlecht wäre. Der Ausdruck »eine Verbindung mit einem Kind des Teufels eingehen« klingt vielleicht biblisch; er ist es aber nicht! Im Gegenteil: In den Augen Gottes ist die Ehe nach wie vor heilig und rein und auch die Kinder, die aus der Verbindung mit einem ungläubigen Ehemann hervorgehen, sind heilig. In seinem ersten Brief an die Gemeinde in Korinth macht Paulus dies ganz deutlich: »Sie [die christliche Ehefrau] wird durch die Ehe mit ihm nicht befleckt, denn der ungläubige Mann wird durch die Verbindung mit ihr rein. Das entsprechende gilt für einen christlichen Mann mit einer ungläubigen Frau. Sonst müßtet ihr auch eure Kinder als befleckt betrachten, aber in Wirklichkeit sind sie doch rein« (1 Kor 7,14). Die gläubige Frau kann und soll den Geschlechtsverkehr genauso genießen, als ob sie mit einem Christen verheiratet wäre. Die Ehe ist »umkleidet mit Gottes Gerechtigkeit«; sie ist makellos in den Augen Gottes, weil er weiß, dass einer der Partner ihm gehört.

Eine Gehilfin macht ihren Mann stolz

Die Aufgaben und Pflichten, die eine Frau im Rahmen ihrer grundsätzlichen Verantwortung hat, dem Mann eine Gehilfin zu sein, sind vielfältig. Eine der wichtigsten besteht darin, dem Mann Freude zu bereiten. In den Sprichwörtern, Kapitel 12, Vers 4 heißt es:»Eine tüchtige Frau bringt ihren Mann zu höchsten Ehren […].«

Die Frau ist auch ein Teil der männlichen Identität; sie ist seine »zweite Hälfte«. Er»trägt« sie als sein Juwel, das heißt die Frau ist überall da, wo der Mann ist, vielleicht nicht immer sichtbar, aber doch ständig gegenwärtig in den Auswirkungen, die sie auf das Leben und das seelische Wohlbefinden ihres Mannes hat. Welcher Mann sehnt sich nicht danach, auf seine Frau stolz sein zu können?

Bei der Fertigstellung dieses Buches habe ich nicht nur mit gläubigen Ehefrauen gesprochen, sondern auch mit deren nichtchristlichen Partnern. Mehr als einmal berichteten mir die Männer, dass sie sich durch die Art und Weise verletzt fühlten, wie ihre christliche Ehefrau ihnen begegnete. Ich sage mit Absicht »durch die Art und Weise«, denn fast immer geschah die Ablehnung auf der nonverbalen Ebene.»Sie ist ein wandelnder Vorwurf und alles, was ich tue, ist falsch, besonders wenn wir irgendwo hingehen, um uns zu amüsieren, oder wenn ich vorschlage, uns mit Leuten zu treffen, die ihr nicht gut genug sind!« So die typische Klage eines Ehemanns.

»Es ist nicht das, was sie sagt«, sagte mir einer der Männer, »es ist ihr Blick, wenn sie meine Aschenbecher leert und meine Bierflaschen wegräumt. Dass sie sie überhaupt anfasst, scheint schon zu viel verlangt zu sein. Sie benimmt sich, als seien diese Dinge mit einer ansteckenden Krankheit infiziert!« – »Haben Sie schon einmal mit Ihrer Frau über Ihre Gefühle gesprochen?«, fragte ich zurück. Er hatte.»Aber das machte alles nur noch schlimmer. Denn dann hielt sie mir eine lange Predigt über die ›Sünde des Trinkens und Rauchens‹, dass ich meinen Körper verunreinigen würde und ich weiß nicht was. Sie macht aus jeder Mücke einen Elefanten!«

Der arme Ehemann hat das Problem dann auf seine Weise gelöst. Er zog sich immer mehr zurück und trank sein Bier nur noch in der Kneipe.»Da ist es wenigstens gemütlich und ich habe nette Leute um mich. Zu Hause fühle ich mich abgelehnt«, seufzte er.

Die Ehefrau dieses Mannes hat sich nicht als das »kostbarste Juwel« verhalten, sondern eher wie ein Elefant in einem Porzellanladen. Seien Sie sich bitte über eines im Klaren: Wenn Sie als gläubige Ehefrau Ihrem Mann permanent Predigten über Nebensächlichkeiten halten, tragen Sie dazu bei, dass er sich nicht nur von Ihnen entfremdet, sondern auch von Gott! Wie immer sich der nichtchristliche Partner verhält: Eine christliche Ehefrau sollte darauf bedacht sein, ihn niemals bloßzustellen, ihn nicht zu verachten und sich nicht für etwas Besseres zu halten.

Wie hat sich denn Christus selbst verhalten? Er war bekannt als ein Freund der Zöllner, Sünder und Prostituierten, ja man hat ihn selbst sogar einmal als »Säufer« bezeichnet (vgl. Mt 11,19). Jesus war immer mitten »im Getümmel«, denn er wusste: Wer die Sünder erreichen will, muss hingehen, wo die Sünder sind. Das bedeutet nicht, dass Sie als christliche Ehefrau die Einstellungen und Handlungen Ihres Mannes gutheißen müssen. Sie dürfen Ihre Meinung klar und deutlich sagen, aber in Liebe, in Demut und nicht von oben herab. Probieren Sie es doch einmal aus!

Eine Gehilfin fragt in allem nach Gottes Willen

Wichtig ist bei diesem Punkt vor allem die innere Einstellung der Frau, nicht nur zu ihrem Mann, sondern auch zu seinen Hobbys und Aktivitäten und zu seinen Freunden, die vielleicht nicht gerade auf ihrer »Wellenlänge« liegen. Es ist eine altbekannte Tatsache, dass der Mensch durch sein Tun mindestens genauso deutlich »spricht« wie durch sein Reden; und die »nonverbalen Botschaften« sind oft noch vielsagender als die verbalen! Achten Sie darum als Ehefrau eines ungläubigen Mannes darauf, dass Sie nicht die Märtyrerin spielen! Laufen Sie nicht wie ein wandelnder Vorwurf herum und bemühen Sie sich, Ihrem Ehemann nicht die Botschaft zu vermitteln: »Ich habe ein schweres Kreuz zu tragen und dieses Kreuz trägt deinen Namen, lieber Mann!« Wie gesagt, auch wenn Sie dies nicht wörtlich zum Ausdruck bringen, jedoch innerlich fest davon überzeugt sind, dass es so ist, wird sich diese innere Einstellung früher oder später in Ihrem Reden und Tun zeigen.

Im Zusammenhang mit den Aufgaben einer Ehefrau wird häufig das 31. Kapitel der Sprichwörter zitiert. Viel zu oft lesen wir dieses Kapitel unter einem handlungsorientierten Gesichtspunkt, doch es sagt mindestens ebenso viel aus über die innere Einstellung, die die »Ehefrau nach Gottes Plan« hat. Die dort beschriebene Frau ist eine fröhliche Frau, mit der man(n) gerne zusammen ist. »Sie sorgt dafür, daß sie immer Flachs und Wolle hat; sie spinnt und webt mit fleißigen Händen« (Spr 31,13).

Eine Bekannte von mir, Babette, kam nur zwei Wochen nach ihrer Heirat zum Glauben. Ihr Mann war starker Raucher und auch einem (oder mehreren) Gläsern Whiskey pro Tag nicht abgeneigt. Doch Babette erzählte mir einmal: »Ich habe es mir angewöhnt, ein Lied zu summen, wenn ich seine Flaschen wegräume und die Aschenbecher ausleere. Und auch wenn er mich bittet, ›etwas Flüssiges‹ mitzubringen, wenn ich einkaufe, sage ich: ›Wird gemacht‹, anstatt die Augenbrauen hochzuziehen und ihm Mineralwasser anzubieten.«

Die von Salomo beschriebene Frau ist eine herzliche Frau. Ihr macht es Spaß, zu Hause zu arbeiten und gegebenenfalls »nur« Hausfrau und Mutter zu sein. Was sie tut, tut sie von Herzen. Sie kennt keine Kompromisse in ihrer Arbeit. »Was sie redet, zeugt von Weisheit; mit freundlichen Worten gibt sie Anweisungen und Ratschläge« (Spr 31,26). Sie stöhnt nicht unter der Last der Hausarbeit und schreit ihren Ehemann und ihre Kinder nicht an. Sie ist ausgeglichen, glücklich und zufrieden. »Als wohlhabende und angesehene Frau blickt sie ohne Sorgen in die Zukunft« (Spr 31,25).

Dabei geht diese Frau nicht umher und prahlt damit, was für eine wunderbare Christin sie ist. Nein, sie lebt ihren Glauben und »für das, was sie leistet, soll die ganze Stadt sie ehren« (Vers 31). Und ihr Ehemann ist ihr größter Verehrer. Er lobt sie, wo er nur kann. Seiner Meinung nach ist sie die beste Ehefrau, die es gibt, und er sorgt dafür, dass sich diese Tatsache in der ganzen Stadt herumspricht: »Es gibt viele tüchtige Frauen […], aber du bist die allerbeste!« (Spr 31,29). Welche Frau würde dieses Lob nicht gerne von ihrem »Schatz« hören!

Ist Ihnen aufgefallen, dass in diesem Bibelabschnitt mit keinem Wort der Glauben oder »geistliche Stand« des Mannes erwähnt wird? Es gibt keinerlei Anhaltspunkte dafür, dass er »gläubig« war. Gott scheint uns durch dieses Kapitel einzig und allein sagen zu wollen, welche Einstellung eine Frau nach seinem Willen haben sollte. Die Frage, ob ihr Mann gläubig ist oder nicht, rangiert gewissermaßen unter »ferner liefen«.

Es geht nichts über ein gutes, gemütliches Zuhause! Und fast immer ist es die Frau, die ein solches Zuhause kreativ gestaltet. Auch die Frau des ungläubigen Ehemanns sollte ihre Chance nutzen und versuchen, zu Hause ihren guten Einfluss geltend zu machen. Gott kann und möchte sie dazu benutzen, in den eigenen vier Wänden ein Gegengewicht zu der verkommenen Moral der Welt zu schaffen und für eine Atmosphäre zu sorgen, in der der Mann sich wohl fühlt. Bleiben Sie als Frau eines Nichtchristen offen für die göttliche Liebe und die Wunder, die er tun möchte. Leben Sie so, als sei Ihr Mann der beste und hingegebenste Christ, den Sie sich vorstellen können!

Seien Sie eine Gehilfin, die Gott ernst nimmt und sich darum bemüht, nach seinem Plan zu leben. Martin Luther sagte einmal, eine Frau sei dann eine gute Ehe- und Hausfrau, wenn ihr Mann sich abends, wenn er nach Hause kommt, darüber freut, von weitem »den Giebel seines Hauses zu erblicken«. Wäre es nicht schön, wenn Ihr Mann eine solche Freude täglich mindestens einmal verspürte?

Studienteil

1. Lesen Sie die folgenden Bibelstellen und notieren Sie kurz, was
   sie über die innere Einstellung berichten, die eine Frau haben
   sollte, die mit einem Ungläubigen »am fremden Joch zieht«.
   a) 1. Korinther 10,31:

   b) Philipper 4,11:

   c) 1. Thessalonicher 5,16:

   d) Jakobus 4,10:

   e) 1. Petrus 3,15:

2. Lesen Sie die folgenden Verse und notieren Sie sich, welche Verhaltensweisen von Ihnen als Ehefrau eines ungläubigen Mannes
   verlangt werden.
   a) Psalm 37,8:

   b) Psalm 130,4:

   c) Sprichwörter 18,13:

   d) 1. Korinther 9,19:

   e) Galater 6,2:

3. Lesen Sie die folgenden Aussagen und kreuzen Sie an, welche
   Antworten Ihr Ehemann wahrscheinlich geben würde.

	immer	meist	selten	nie
a) Meine Frau hilft mir, wo sie nur kann – ohne, dass ich sie darum bitten muss.				
b) Meine Frau ist meine Stütze.				
c) Wenn meine Frau anderer Meinung ist als ich, reagiert sie nicht ärgerlich oder besserwisserisch.				
d) Ich suche und schätze den Rat meiner Frau.				
e) Meine Frau bemüht sich, zu Hause eine angenehme und wohnliche Atmosphäre zu schaffen.				
f) Ich habe volles Vertrauen zu meiner Frau.				
g) Wenn wir Entscheidungen treffen, kann ich mich darauf verlassen, dass meine Frau mein Bestes im Sinn hat.				
h) Meine Frau und ich sind gern zusammen und unternehmen viel gemeinsam.				

	immer	meist	selten	nie
i) Meine Frau und ich haben eine gute sexuelle Gemeinschaft.				
j) Ich bin stolz auf meine Frau.				

Lesen Sie dann Ihrem Mann vor, was Sie angekreuzt haben, und fragen Sie ihn nach seinen Antworten. Wo gibt es Unterschiede? Wie können Sie in den Bereichen, wo sich Unterschiede gezeigt haben, etwas verändern?

Kapitel 3

Was Unterordnung
(nicht) bedeutet

Im vorangegangenen Kapitel habe ich beschrieben, dass es zunächst einmal die Aufgabe der Ehefrau ist, ihrem Mann eine Gehilfin zu sein. Auf den folgenden Seiten werde ich darstellen, wie sich dies praktisch auswirkt.

Es liegt auf der Hand, dass die Situation einer Frau, die mit einem Nichtchristen verheiratet ist, anders aussieht als die einer Frau, die mit einem gläubigen Partner verheiratet ist. Und doch hat Gott auch der Frau des nichtchristlichen Ehemanns bestimmte Richtlinien mit auf den Weg gegeben, an die sie sich halten sollte und die – richtig verstanden und angewandt – dazu führen, dass sich auch das Leben des ungläubigen Partners positiv verändert.

Die wichtigste Richtlinie findet sich im 1. Petrusbrief, Kapitel 3, Verse 1 bis 4:

»Für euch Frauen gilt dieselbe Regel: Ihr müßt euch euren Männern unterordnen, damit die von ihnen, die das Wort nicht hören wollen, durch eure Lebensführung auch ohne Wort für den Glauben gewonnen werden. Das kann geschehen, wenn sie sehen, daß ihr ihnen Respekt erweist und ein vorbildliches Leben führt. Putzt euch nicht äußerlich heraus mit aufwendigen Frisuren, kostbarem Schmuck oder prächtigen Kleidern. Eure Schönheit soll von innen kommen! Freundlichkeit und ein ausgeglichenes Wesen sind der unvergängliche Schmuck, der in Gottes Augen Wert hat.«

Dies ist der Maßstab Gottes, den er den Frauen gegeben hat, die mit Männern verheiratet sind, die nicht an ihn glauben. Es ist kein Patentrezept oder Allheilmittel, aber es ist eine Vorgabe, die mit Leben gefüllt werden kann und dann zu positiven Ergebnissen führen wird: Es geht darum, dass eine Frau durch ihren Gehorsam und ihr gottgefälliges Verhalten – und nicht durch ihre Worte! – den Mann für Christus gewinnt.

Der heilige Gregor hat einmal sinngemäß gesagt, dass es uns auferlegt sei, zu ertragen und für uns zu behalten, was uns böse Menschen antun, damit diese durch unser Vorbild erkennen, wie sie nicht sind. Besser kann man die Aufgabe der mit einem Nichtchristen verheirateten Frau nicht zusammenfassen.

Petrus verbindet in seinem Brief etwas Positives mit etwas Negativem, das heißt, er sagt uns zunächst, was wir tun sollen (nämlich »untertan sein«), und dann, was wir unterlassen sollen (nämlich »Worte machen«). Predigen Sie Ihren ungläubigen Ehemann also nicht an! Machen Sie keine großen Worte; seien Sie kein wandelnder Vorwurf! Gott weiß, was er von Ihnen verlangt, denn er weiß, dass es sehr viel leichter ist, Worte zu machen, als Liebe zu leben, und Sie können sicher sein: Wenn Sie Ihren Ehemann mit Bibelversen und frommen Sprüchen eindecken, werden Sie eines nicht erreichen: das, was Sie eigentlich wollen, nämlich, ihm den christlichen Glauben »schmackhaft« zu machen.

Wer als Ehefrau dem eigenen Mann permanent dessen Fehler und Vergehen vorhält, sorgt nur für unnötigen Streit in der Ehe. Verzichten Sie also auf überflüssige Anklagen, wenn Sie nicht sich und Ihrem Mann das Leben unnötig schwer machen wollen. Wer kritisiert wird, »schießt« meist zurück, und mit Sicherheit wird es auch in Ihrem Leben noch genügend Fehler und Schwächen geben, auf die Sie Ihr Mann aufmerksam machen könnte.

Davon abgesehen ist es ohnehin gar nicht möglich, dass ein Christ einem Nichtchristen geistliche Wahrheiten so erklären kann, dass dieser sie versteht und annimmt, wenn der Heilige Geist nicht bereits an diesem Menschen »arbeitet«, denn: »Menschen, die sich auf ihre natürlichen Fähigkeiten verlassen, lehnen ab, was der Geist Gottes enthüllt. Es kommt ihnen unsinnig vor. Sie können nichts damit anfangen, weil es nur mit Hilfe des Geistes beurteilt werden kann« (1 Kor 2,14).

Die mit einem Nichtchristen verheiratete Frau sollte sich diese Tatsache immer wieder vor Augen halten und vor allem auch zu Herzen nehmen! Denn: Sie können reden, soviel Sie wollen, und doch wird nichts von dem, was Sie sagen, Ihren Mann dazu bringen, sein

Leben Gott anzuvertrauen. Die Wiedergeburt ist ein Werk des Heiligen Geistes! *Gott* schenkt die Umkehr (vgl. Apg 5,31; 11,18). Der Mensch ist lediglich Werkzeug Gottes und wenn ein anderer Mensch auf Grund menschlicher Worte sein Leben völlig verändert, dann nur deshalb, weil Gott diese Worte benutzt, um dem anderen »das Herz zu öffnen« (vgl. Apg 16,14). Wer sich wünscht, dass ein Mensch Jesus Christus als seinen/ihren Herrn und Erlöser in sein/ihr Leben aufnimmt, muss sich an die Maßstäbe und Gebote Gottes halten, und im Falle der Ehefrau eines Ungläubigen heißt die Vorschrift: Bedrängen Sie Ihren Mann nicht, indem Sie ihm immer wieder vom christlichen Glauben erzählen.

Doch nun stellt sich die Frage, wie das »Gewinnen ohne Worte« praktisch aussehen kann; darüber möchte ich im Folgenden sprechen.

Die Ehe – ein partnerschaftliches Team

Die Ehefrau, die ihren ungläubigen Partner für Christus gewinnen möchte, sollte zunächst einmal eine klare Vorstellung davon haben, was Ehe eigentlich bedeutet – und was Unterordnung bedeutet bzw. nicht bedeutet. Zu viele Frauen setzen sich selbst unnötig unter Druck, weil sie nicht verstanden haben, dass auch ihre Ehe eine ganz gewöhnliche Ehe ist, die lediglich die Gemeinsamkeit in einem einzigen Bereich ausklammert: dem geistlichen. Abgesehen von diesem einen Aspekt gibt es keinen Unterschied zwischen einer Ehe zwischen gläubigen Partnern und einer solchen, in der eine gläubige Frau mit einem nichtgläubigen Mann verheiratet ist. Sehen Sie darum nicht dauernd auf den geistlichen Aspekt, sondern konzentrieren Sie sich auf die übrigen Bereiche!

Was den geistlichen Bereich betrifft, hat Gott klar und deutlich gesagt, dass die Frau still bleiben soll. »Persönliche Evangelisation« ist unter diesen Umständen einmal nicht *ge*boten, sondern *ver*boten. In allen anderen Punkten sind der Kommunikation und dem Gespräch keine Grenzen gesetzt. Die Fragen, wer den Rasen mäht, wer für den Haushalt zuständig ist, wie viel Geld wofür ausgegeben wird, wo man den Urlaub verbringt – all dies sind Belange, wie sie in jeder Ehe vorhanden sind, und keine geistlichen Belange.

Trotzdem gehen viele Ehefrauen, die mit Nichtchristen verheiratet sind, noch weiter und sagen zu allem »Ja und Amen«, denn schließlich, so denken sie, wird von ihnen als Christinnen ja Unterordnung verlangt. Viele der Frauen, mit denen ich bei der Vorbereitung dieses Buches gesprochen habe, sind an diesem Punkt schuldig geworden, schuldig insofern, als sie ihrem Ehemann durch ihre falsch verstandene Unterordnung guten Rat und wertvolle Hilfe vorenthalten haben.

Unterordnung ist nicht gleich Gehorsam

Die wichtigste Unterscheidung, die die Ehefrau eines ungläubigen Mannes treffen muss, ist die zwischen blindem Gehorsam und freiwilliger Unterordnung. Gehorsam bedeutet das Einhalten von Regeln und das Hören auf jemanden, der die »Befehlsgewalt« hat; Unterordnung enthält immer das Element des Freiwilligen. Die Bibel gebietet der Frau, sich unterzuordnen, und verlangt von den Kindern zu gehorchen (vgl. Kol 3,18; Eph 5,22; 6,1), trifft also hier eine klare Unterscheidung zwischen diesen beiden Personenkreisen.

Ein tragisches Beispiel für jemanden, der nicht verstanden hatte, was Unterordnung bedeutet, ist eine junge Frau, die ich Phyllis nennen möchte. Phyllis ist eine sehr attraktive junge Dame, humorvoll, sportlich, begeisterungsfähig und voller Elan. Nach sechs Jahren Ehe nahm sie Christus als ihren Herrn und Retter in ihr Leben auf und versuchte seither, in allen Lebensbereichen den Willen Gottes zu tun.

Leider hatte sie jedoch den Willen Gottes an einem Punkt völlig missverstanden. Schon recht kurze Zeit nach ihrer Umkehr ging sie in einen Frauenbibelkreis und hörte dort: »Ihr Frauen, ordnet euch euren Männern unter!« Von diesem Tag an nahm Phyllis sich vor, »auf Widerworte zu verzichten«, und tat alles, was ihr Ehemann Dan von ihr verlangte. Dan war ein netter Kerl, der mir einmal erzählte, er habe immer die Selbständigkeit seiner Frau bewundert, »ihren Enthusiasmus, ihre innere Unabhängigkeit und ihre Ideen«. Von all dem war bald nichts mehr zu spüren. Dan konnte irgendetwas vorschlagen und Phyllis lächelte freundlich und machte mit. Innerlich fühlte sie sich hundeelend, doch was sollte sie machen? »Ihr Frauen, ordnet euch unter …!« Dan merkte, dass mit ihr etwas nicht stimmte, und fragte sie hin und wieder, ob er etwas falsch gemacht habe oder ob sie vielleicht krank sei. Doch Phyllis verneinte, lächelte und ordnete sich unter.

Eines Tages machte Dan ein Experiment. Um die Reaktion seiner Frau zu testen, erzählte er ihr, dass sein Chef leider auf die Idee verfallen sei, ihn für einen Außenposten im nördlichen Alaska vorzuschlagen, »und das bedeutet natürlich, mein Schatz, dass wir umziehen müssen«, sagte Dan mit trockener Miene und fügte dann hinzu: »und zwar recht bald, spätestens aber in 5 Tagen«. Phyllis hätte am liebsten losgeheult, erinnerte sich dann jedoch an ihre Pflichten und nickte freundlich. Jetzt reichte es Dan. Er schrie sie an und warf ihr vor, ihn überhaupt nicht mehr ernst zu nehmen. »Was ist nur aus dir geworden? Du benimmst dich wie eine Marionette!« Als Phyllis nun in Tränen ausbrach und ihrem Mann sagte, sie tue das nur, weil es in der Bibel stehe, sagte er: »Wenn Gott ein derartig unsinniges Verhalten von dir verlangt, dann solltest du lieber auf ihn verzichten!«

Das Gute an der Sache war, dass die beiden erkannten, dass sie eine Ehepaar-Therapie brauchten, und deshalb schon am nächsten Tag ihren Pfarrer ansprachen. Der kluge Mann ging die Sache langsam an und lud das Paar erst einmal zu einem zünftigen Baseballspiel ein. Er versprach dem Mann, »an diesem Abend garantiert nicht über religiöse Fragen zu sprechen«. Dan entschloss sich mitzukommen und hatte sogar Spaß daran. Zwar hat er auch heute, drei Jahre später, noch nicht zum Glauben gefunden, aber zumindest begleitet er seine Frau ab und zu in den Gottesdienst. Aber das Beste ist: Seine Frau hat nun gelernt, dass Unterordnung und Gehorsam nicht dasselbe sind, und ist inzwischen wieder genauso lustig und unbeschwert wie früher!

Das Gebot der Unterordnung gilt für alle Christen

Ein weiteres Vorurteil hinsichtlich Unterordnung ist die Auffassung, dass sie vor allem (oder sogar ausschließlich) dem weiblichen Geschlecht gelte. Doch diese Ansicht ist falsch. Unterordnung ist ein grundlegendes Prinzip des christlichen Lebens. Es bedeutet Demut, Dienstbereitschaft und ein Verzicht auf egoistische Interessen und wird von allen Christen verlangt. Die Bibel ermahnt die Kinder, sich ihren Eltern unterzuordnen, die Bürger, sich ihren Regierungen unterzuordnen, die Jungen, sich den Älteren unterzuordnen, die Gemeindeglieder, sich der Gemeindeleitung unterzuordnen. Für jeden Christen gilt das allgemeine Gebot aus dem Brief an die Epheser: »Ordnet euch einander unter, wie es die Ehrfurcht vor Christus verlangt« (Eph 5,21).

Alle Mitglieder der Familie Gottes werden aufgefordert: »Handelt nicht aus Selbstsucht oder Eitelkeit! Seid bescheiden und achtet den Bruder oder die Schwester mehr als euch selbst. Denkt nicht an euren eigenen Vorteil, sondern an den der anderen, jeder und jede von euch« (Phil 2,3-4). Unterordnung ist das Gegenteil von Egoismus. Es ist eine Haltung, die auf innere und äußere Rebellion verzichtet, die sich bemüht, Christus nachzuahmen, denn dieser »war in allem Gott gleich, und doch hielt er nicht gierig daran fest, so wie Gott zu sein. Er gab alle seine Vorrechte auf und wurde einem Sklaven gleich« (Phil 2,6-7a).

Gott hat in seiner Weisheit dieses universelle Prinzip der selbstlosen Unterordnung auf die Ehe übertragen und festgelegt, dass »jeder Mann [...] unmittelbar Christus unterstellt [ist], die Frau aber dem Mann; und Christus ist Gott unterstellt« (1 Kor 11,3). Auf die Frau bezogen schreibt Paulus: »Ihr Frauen, ordnet euch euren Männern unter, so wie ihr euch dem Herrn unterordnet. [...] Wie nun die Gemeinde Christus untergeordnet ist, so müssen auch die Frauen sich ihren Männern in allem unterordnen« (Eph 5,22.24). Biblische Unterordnung bedeutet also, dass eine Frau ihren Platz in der göttlichen Schöpfungsordnung erkannt hat und bereit ist, dementsprechend zu leben. Sie verlässt sich darauf, dass dieses Gebot ein göttliches Gebot ist und dass es Gott ein Geringes ist, ihren Ehemann als gute, richtungsweisende Kraft auch in ihrem Leben zu benutzen.

Dieses biblische Gebot gilt auch dann, wenn der Ehemann Nichtchrist ist. Der Mann steht über der Frau. Punkt. Und doch sind viele christliche Ehefrauen der Ansicht, ihr Fall sei eine Ausnahme von dieser allgemeingültigen Regel. Damit engen sie letztlich Gott ein. Bewusst oder unbewusst bringen sie mit einer solchen Einstellung zum Ausdruck:»Gott ist nicht allmächtig. Im Prinzip kann er zwar alles – aber meinen Ehemann zu meinen Gunsten handeln lassen – das ist sogar für Gott zu schwer.«

Susie war eine solche Frau. Sie kam ziemlich aufgelöst in mein Büro und bat mich um Rat.»Ich habe schon vor längerer Zeit ein Grundstück geerbt«, erzählte sie.»Es ist seit zweihundert Jahren im Familienbesitz und ich könnte den Gedanken nicht ertragen, es zu verkaufen. Aber ich kriege die Sache finanziell nicht in den Griff und wir bräuchten das Geld doch so dringend. Was soll ich nur tun?« Susie erzählte mir dann, sie habe schon mit verschiedenen Christen und auch ihrem Pastor über diese Frage gesprochen, aber es sei nach der Devise verlaufen: drei Personen, vier Meinungen.»Inzwischen bin ich völlig durcheinander und weiß gar nichts mehr!«, seufzte sie.

Sie ahnen wahrscheinlich schon, welche Frage ich Susie stellte. »Ich nehme an, Sie haben das auch mit Ihrem Mann besprochen. Was sagt er denn dazu?« – »Mit meinem Mann besprochen?! Nein, nein, das kam nicht in Frage. Er ist kein Christ und ich wollte nicht ›dem Rat der Gottlosen folgen‹.«

Als wir dann zusammen die Bibel daraufhin befragten, was sie zum Thema»Unterordnung« zu sagen hat, kamen wir zu dem Ergebnis, dass Gott nicht dadurch Grenzen gesetzt sind, dass in einer Ehe einer der Partner nicht an ihn glaubt. Susie fragte deshalb ihren Mann gleich am folgenden Tag um Rat und war sehr erleichtert, als dieser sich der Sache annahm.»Es war, als hätte man mir eine zentnerschwere Last abgenommen!«, sagte sie mir später. Susies Mann verstand nämlich etwas von diesen Dingen und es gelang ihm, nicht nur dafür zu sorgen, dass Susie das Grundstück behalten konnte, sondern er stellte auch noch einen Finanzierungsplan auf, der es den beiden ermöglichte, ein zusätzliches Einkommen zu erhalten.

Seither bemüht sich Susie darum, ihren Ehemann in sämtlichen Lebensbereichen um Rat zu fragen und ihm nicht nur deshalb zu misstrauen, weil er ihren Glauben nicht teilt. Sie hat eingesehen, dass auch der ungläubige Mann das Haupt der (gläubigen) Frau ist, und sie vertraut auf Gott, der sehr wohl in der Lage ist, ihren Ehemann zu gebrauchen.

1. Petrus 3:
»Gebrauchsanweisung« für Ehefrauen von Nichtchristen

Im 3. Kapitel des 1. Petrusbriefes können wir nachlesen, wie sich die Ehefrau eines Nichtchristen verhalten soll, so dass einerseits Gott ihren ungläubigen Mann als Ratgeber und Haupt gebrauchen kann und sie andererseits diesen Mann zum Glauben führen kann. Zunächst heißt es: »Für euch Frauen gilt dieselbe Regel: Ihr müßt euch euren Männern unterordnen, damit die von ihnen, die das Wort nicht hören wollen, durch eure Lebensführung auch ohne Wort für den Glauben gewonnen werden« (1 Petr 3,1). Auch hier wird erneut hervorgehoben, was ich bereits in einem vorangegangenen Abschnitt betont habe: Taten sprechen eine deutlichere Sprache als Worte. Nicht durch das, was die gläubige Frau sagt, soll der Mann gewonnen werden, sondern er soll sehen, dass sie ihm »Respekt erweist und ein vorbildliches Leben führt« (Vers 2). Wir wissen alle aus eigener Erfahrung, dass vieles leichter gesagt als getan ist. Der Lernprozess, Gottes Wort gehorsam zu sein und das, was man in der Bibel erkannt hat, im Alltag anzuwenden und zu leben, ist dagegen oft anstrengend und mit Rückschlägen verbunden.

Keiner kennt uns besser als unsere Familienangehörigen. Sie sind da, wenn unser Temperament mit uns durchgeht, wenn wir die hässlichen Seiten unseres Wesens zeigen, wenn wir uns hängenlassen und »zu nichts zu gebrauchen« sind. Stellen Sie sich vor, was geschieht, wenn eine frisch zum Glauben gekommene Ehefrau große Worte macht, vielleicht sogar ihrem Mann gegenüber als Moralapostel auftritt und ihm sagt, was er fortan zu tun und zu lassen habe, »weil es sich für einen Christen so gehört«. Sie wird unweigerlich an ihren eigenen hohen Maßstäben scheitern.

Um dies zu verhindern, hat Gott gewissermaßen den Spieß umgedreht und befohlen, auf Worte (und lange Predigten) erst einmal zu verzichten. Auf diese Weise bekommt der Ehemann die Chance, mit eigenen Augen zu sehen, ob sich im Leben seiner Frau etwas verändert hat und wie dauerhaft diese Veränderung ist. Nur das wird ihn überzeugen. Und wenn die frischbekehrte Ehefrau »Anfangsfehler« macht oder vielleicht sogar in gewissen Punkten der Bibel ungehorsam ist, bietet dies dem Mann keine Gelegenheit, ihr Vorwürfe zu machen.

Taten sprechen lauter als Worte

Nachdem Petrus klargestellt hat, was die mit einem Ungläubigen verheiratete Frau *nicht* tun soll, sagt er nun, was sie sehr wohl tun soll. Er fordert von der Frau Respekt gegenüber dem Ehemann und ein vorbildliches Leben (vgl. Vers 2). Diese Begriffe bedeuten nichts anderes, als einen an den Grundsätzen und Vorschriften der Heiligen Schrift orientierten Lebenswandel zu führen. Meine Freundin Ruth sagte zu diesem Thema einmal: »Es wird von mir verlangt, in jedem Bereich klar Position zu beziehen und mich durch Wort und Tat von jeder falschen weltlichen Moral abzugrenzen. So kann mein Mann für sich selbst entscheiden, ob er nach biblischen oder nach weltlichen Maßstäben handeln will.«

»Es bedeutet allerdings nicht«, fügte Ruth hinzu, »dass ich aus einer Position der Überlegenheit heraus argumentiere. Wenn mein Mann das Gefühl bekommt, dass ich mich für besser oder heiliger halte als der Rest der Welt, habe ich einen Fehler gemacht!«

Respekt und Vorbild sollte sich zuallererst im Leben der Frau zeigen. Rein und gottesfürchtig zu leben, bedeutet, in Gedanken und Taten sexuell rein, das heißt, treu zu bleiben, ein geisterfülltes Leben zu führen, loyal zum Ehemann zu stehen und darauf zu verzichten, ihn wissen zu lassen: »Wenn du Christ wärest, würde ich dich mehr lieben!« (Ich sage Ihnen wahrscheinlich nichts Neues, wenn ich Ihnen mitteile, dass sich die allermeisten nichtchristlichen Ehemänner durchaus bewusst sind, dass es ihren Frauen lieber wäre, wenn sie sich auch bekehrten.)

Ein Ehemann, sei er gläubig oder nicht, darf von seiner Frau erwarten, dass sie gut von ihm spricht und ihn vor ihren christlichen Freunden nicht »herunterputzt«. Ich weiß, dass dies nicht immer einfach ist. Aber es ist unerlässlich, auch dann, wenn der Mann Dinge tut, die den Geboten der Bibel zuwiderlaufen. »Aber wie kann ich einen Mann von Herzen lieben, der geistlich gesehen auf der anderen Seite steht?«, fragen mich viele Frauen. Wenn Sie ihn nur unter der Bedingung lieben, dass er sich bekehrt, sind Sie nicht besser als der Pharisäer, der sich auf die Schulter klopfte und sprach: »Danke, Herr, dass ich nicht bin wie jener …« Achten Sie deshalb unbedingt darauf, nicht geistlich überheblich zu werden.

Andere Ehefrauen sagten mir, sie konzentrierten sich so sehr auf die negativen Eigenschaften ihres Partners, dass sie die positiven nicht mehr sähen.

Unser Vorbild sollte die Ehefrau aus dem 31. Kapitel der Sprichwörter sein: »Ihr ganzes Leben lang macht sie ihm Freude und enttäuscht ihn nie« (Spr 31,12). Es kommt immer wieder vor, dass Ehefrauen ungläubiger Männer an dieser Stelle einen großen Fehler begehen. Durch die Art und Weise, wie sie ihren christlichen Freunden »Gebetsanliegen« weitergeben, entsteht ein völlig verzerrtes Bild ihres Mannes, das mit der Wirklichkeit nicht mehr viel zu tun hat. Wer einen ungläubigen Ehemann nur aus den Erzählungen und Gebetsanliegen der gläubigen Frau kennt, hat nicht selten den Eindruck, es mit einem halben Verbrecher zu tun zu haben. Respekt für den Ehemann bedeutet auch, dass man die Worte, die man anderen (auch anderen Christen!) gegenüber äußert, sorgfältigst abwägt.

Vielleicht fällt es Ihnen schwer, die unmoralischen oder verweltlichten Ansichten und Taten Ihres Mannes zu respektieren. Dann versuchen Sie doch, zumindest ihn als Person zu achten. Zu viele christliche Ehefrauen vermitteln ihren Männern den Eindruck, sie seien »Männer zweiter Klasse«.

Diana, eine meiner Bekannten, erzählte mir neulich, wie sie in dieser Beziehung radikal umgedacht hat. »Ich hatte nicht einen Minderwertigkeitskomplex, sondern einen Überheblichkeitskomplex!«, meinte sie scherzhaft, »und das Schlimme war, ich versuchte, ihn auch noch geistlich zu begründen. Ich habe zwar nicht viel zu diesem Thema gesagt, aber ich bin mir sicher, Rob hat gemerkt, dass ich ihn nicht ganz für voll nahm.« Diana erzählte dann, dass sie ihn immer wieder hatte spüren lassen, wie »unmoralisch« sie seine Maßstäbe fand und für wie »unbiblisch« sie seine Ansichten hielt.

Eines Tages, so fuhr sie fort, habe sie ihren Ehemann einmal in seinem Büro besucht und sei ganz erstaunt gewesen, mit welcher Hochachtung die Menschen ihm dort begegneten. »Es zog sich mir der Magen zusammen, als ich sah, wie hart er arbeitete, wie freundlich und zuvorkommend er dabei war und wie seine Sekretärin und seine Mitarbeiter regelrecht zu ihm aufblickten. Ich weiß noch, wie einer seiner Kollegen eine Bitte mit den Worten kommentierte: ›Ich erledige das direkt‹ und wie seine Sekretärin, nachdem sie ihm den

Kaffee gebracht hatte, fragte: ›Kann ich sonst noch etwas für Sie tun, Mr. Lloyd? Sagen Sie ruhig Bescheid, wenn Sie etwas brauchen!‹ Man merkte diesen Leuten einfach an, dass sie sich über das gute Betriebsklima freuten, und wie oft hatte ich zu Hause die Atmosphäre durch meine negative Haltung vermiest!«

Diana war den Tränen nahe, als sie sagte: »Im Auto habe ich dann einen Weinkrampf bekommen und mir geschworen, mich von diesem Tag an anders zu verhalten. Und Rob war unheimlich verständnisvoll. Als ich ihn dafür um Vergebung bat, dass ich so respektlos über ihn gedacht und gesprochen hatte, nahm er mich in den Arm und meinte: ›Danke, dass du das gesagt hast. Aber mach die Sache nicht schlimmer als sie ist.‹«

Diana erzählte mir dann, sie habe es damals als besonders bedrückend empfunden, dass ihr Mann überhaupt nichts dafür konnte, dass sie so negativ über ihn dachte: »Es war ja nicht so, dass er ein schlechter Ehemann oder Vater war. Es waren seine Ansichten, genauer gesagt eigentlich nur die Tatsache, dass er kein Christ war.« Diana hat nun erkannt, dass sie ihrem Mann Gottes Liebe am besten zeigen kann, wenn sie ihm mit Achtung und Respekt begegnet.

»Freundlichkeit und ein ausgeglichenes Wesen …«

Schließlich hat die mit einem Nichtchristen verheiratete Frau die Aufgabe, die »Frucht des Geistes« (vgl. Gal 5,22; Luther) in ihrem Leben sichtbar werden zu lassen. Es geht nicht so sehr um äußerliche als um innere Schönheit: »Putzt euch nicht äußerlich heraus mit aufwendigen Frisuren, kostbarem Schmuck oder prächtigen Kleidern« (1 Petr 3,3). Wenn Petrus den Frauen befiehlt: »Putzt euch nicht äußerlich heraus …«, spricht er wahrscheinlich nicht unbedingt Make-up und Friseurbesuche an. Ich glaube vielmehr, dass der Apostel die Betonung auf die inneren Werte legen möchte, auf den »unvergänglichen Schmuck, der in Gottes Augen Wert hat«.

Doch was bedeutet dies? Mit »Freundlichkeit« ist mit Sicherheit kein Duckmäusertum gemeint. »Ausgeglichenes Wesen« heißt nicht, dass eine Frau sich nicht äußern dürfte, sondern – zumindest verstehe ich es so –, dass sie darauf verzichtet, zu nörgeln und ihren Ehemann unfreundlich zu behandeln. Sanftheit ist kein Synonym für Passivität und Beschaulichkeit. Wer eine sanftmütige Geisteshaltung hat, darf sich durchaus zu Wort melden, aber in einer ruhigen und besonnenen Art und Weise.

So schwer es Ihnen auch fallen mag: Überlassen Sie die Errettung Ihres Mannes Gott, denn wenn Sie dies nicht tun, wird die Betonung zu sehr auf den Worten und zu wenig auf dem Tun liegen. Wenn Ihr Mann Sie fragt, ist es natürlich etwas anderes, denn auch Sie sind aufgefordert, »immer bereit [zu sein], Rede und Antwort zu stehen, wenn jemand fragt, warum ihr so von Hoffnung erfüllt seid« (1 Petr 3,15). Doch ansonsten sollten Sie sich darauf konzentrieren, eine liebevolle Ehefrau zu werden, die ihren Mann respektiert und in deren Gemeinschaft er sich wohl fühlt.

Beten, beten und nochmals beten …

Vielleicht erscheint es Ihnen schwierig oder sogar unmöglich, zu einer Frau zu werden, wie sie in den Sprichwörtern, Kapitel 31 oder 1. Petrus, Kapitel 3 geschildert wird. Aber es ist nicht unmöglich. Mit Gottes Hilfe werden Sie es schaffen. Dies sage ich nicht nur auf Grund eigener Erfahrungen, sondern weil es mir auch immer wieder von Frauen in ähnlichen Situationen bestätigt worden ist. Einige von ihnen habe ich gefragt, welchen Rat sie ihren Glaubensschwestern geben würden, die mit Nichtchristen »am fremden Joch ziehen«. Die Antworten finden Sie auf den folgenden Seiten.

Interessant war jedoch zunächst, dass das *Gebet* bei allen ganz oben auf der Liste stand. Ich werde mich mit diesem Thema noch in einem späteren Kapitel ausführlicher beschäftigen, doch so viel schon vorweg: Gebet ist durch nichts zu ersetzen – wobei ich gerne den Rat einer meiner Freundinnen weitergebe: »Nicht in erster Linie das Gebet um die Errettung des Mannes«, sagte sie. »Ich bete vor allem dafür, dass ich für meinen Mann die richtige Frau werde, eine Frau, die ihn glücklich macht, die seine Bedürfnisse sieht und erfüllt und die nicht an ihm herumnörgelt. Erst in zweiter Linie bete ich dann darum, dass er errettet wird, und ich vergesse nie, dass es nur Gott ist, der dies bewerkstelligen kann.«

Geduld ist eine Tugend

Die Mehrzahl der Ehefrauen, die ich befragte, gaben außerdem an,
sie würden Frauen, die mit einem ungläubigen Mann verheiratet
sind, vor allen Dingen darauf hinweisen, wie wichtig es ist, *geduldig*
zu bleiben. »Geben Sie die Hoffnung nicht auf. Wer mit einem
Nichtchristen verheiratet ist, braucht in erster Linie einen langen
Atem«, hieß es immer wieder. Sara erzählte: »Ich finde es zwar
schlimm, wenn Tom immer wieder flucht oder bei der Steuererklärung unehrlich ist. Und ich will auch nicht bestreiten, dass dies Sünden sind. Aber ich sündige genauso. Vielleicht betrüge ich nicht das
Finanzamt, aber ich werde laut oder schreie herum. Und ich sollte es
eigentlich wissen, denn ich kenne Gottes Standards.«

Sara wies außerdem darauf hin, dass es für viele Ehefrauen eine
große Versuchung ist, alles, was ihr Ehemann tut, zu »vergeistlichen«, d. h. in Zusammenhang damit zu bringen, dass er nicht gläubig ist. »Was hat es mich genervt, wenn er seine Socken nicht wegräumt und ständig der stinkende Aschenbecher auf dem Fernseher
steht! Wenn ich die Sachen wegräume, denke ich immer: ›Wäre er
doch Christ. Dann würde er sich besser benehmen.‹ Doch ich weiß,
dass gutes Benehmen und Christsein nicht unbedingt identisch sind.
Auch Christen haben ihre Ecken und Kanten und irgendetwas würde
mir sicher auch bei einem christlichen Mann auf die Nerven gehen!«

Viele der mit Nichtchristen verheirateten Frauen betonten darüber hinaus, wie gefährlich es ist, sich in einer Ehe auf die Tatsache
zu konzentrieren, dass der Partner nicht wiedergeboren ist. »Viele
von uns strahlen eine gewisse Hoffnungslosigkeit aus«, bemerkte
Lucy selbstkritisch. »Aber wer weiß denn, ob der Ehmann wirklich
›verloren geht‹? Vielleicht hat Gott einen anderen Zeitplan mit ihm
als wir. Hüten wir uns davor, Gott Vorschriften zu machen, und hüten
wir uns davor, depressiv zu werden, nur weil wir um das Seelenheil
unseres Partners besorgt sind!«

Noch einige weitere praktische Aspekte wurden erwähnt, die ich
Ihnen hier kurz in zusammengefasster Form weitergeben möchte:

1. Denken Sie daran, dass Sie und der Heilige Geist immer die
   Mehrheit bilden. Sie nehmen Christus überall hin mit, wo Sie

hingehen. Seien Sie darum nicht so ängstlich, wenn es um Partys und Zusammenkünfte mit den Freunden Ihres Mannes geht, die Ihnen vielleicht zu »weltlich« vorkommen (auch Jesus besuchte Hochzeiten und feierte!).

2. Entspannen Sie sich; verdammen Sie nicht; grübeln Sie nicht! Lassen Sie schon einmal fünf gerade sein und machen Sie nicht aus jeder Mücke einen Elefanten. Es gibt Dinge, bei denen man prinzipientreu sein muss, aber es gibt viel mehr Dinge, die man auch als Christ(in) durchaus nicht so »eng« sehen muss.

3. Arbeiten Sie an sich und nicht an Ihrem Mann. Vermitteln Sie ihm niemals das Gefühl, sie wollten ihn verändern!

4. Wenn Sie zu jener Gruppe von Frauen gehören, die in wissentlicher Übertretung des biblischen Gebotes einen Nichtchristen geheiratet haben, hören Sie auf, in der Vergangenheit »herumzuwühlen«. Bekennen Sie Ihre Sünde, nehmen Sie die Vergebung in Anspruch und vergessen Sie, was gestern war (denn Gott hat es auch vergessen). Christus starb auch für diese Sünde am Kreuz und Sie sollten die Schuld nicht wichtiger nehmen als die Vergebung. Hüten Sie sich vor der Einstellung, dass Ihr Mann zum Glauben kommen muss, um Ihren Fehler zu sühnen!

5. Falls noch nicht geschehen: Suchen Sie sich eine gute christliche Freundin, der Sie hundertprozentig vertrauen können. Wenn Sie Bitterkeit und Wut gegenüber Ihrem Ehemann empfinden, sollten Sie diese Gefühle nur dieser Person mitteilen (und nicht dem allwöchentlich stattfindenden Bibelkreis, bei dem die halbe Gemeinde anwesend ist!) Vermeiden Sie Schuldzuweisungen in Form von »Gebetsanliegen«.

6. Pflegen Sie die enge Beziehung zu Gott. Beten Sie viel; suchen Sie die Gemeinschaft mit anderen Christen, aber unternehmen Sie auch viel mit Ihrem Mann und Ihren Kindern. Gott hat Sie nicht »abgeschrieben«. Er möchte vielmehr, dass Sie eine Frau nach seinem Willen werden – so wie sie in den Sprichwörtern, Kapitel 31 und dem 1. Petrusbrief, Kapitel 3 beschrieben wird. Wäre es nicht schön, wenn auch Ihr Ehemann sagen könnte: »Wer eine Frau gefunden hat, hat das Glück gefunden; Gott meint es gut mit ihm« (Spr 18,22)?

Studienteil

1. Schlagen Sie bitte folgende Bibelstellen nach und versuchen Sie
   dann, in ein paar kurzen Sätzen zusammenzufassen, was dort
   über das Thema »Unterordnung« gesagt wird. Beantworten Sie
   die Frage, *wer* sich unterordnen soll und *wie* sie (oder er) sich unterordnen soll:
   a) Römer 13,1:
   Wer soll sich unterordnen?
   _____

   Wie sieht die Unterordnung konkret aus?
   _____

   b) Epheser 5,21:
   Wer?
   _____

   Wie?
   _____

   c) Kolosser 3,20:
   Wer?
   _____

   Wie?
   _____

   d) Titus 3,1:
   Wer?
   _____

   Wie?
   _____

e) Hebräer 13,17:
Wer?

Wie?

f) Jakobus 4,7:
Wer?

Wie?

g) 1. Petrus 2,13-15:
Wer?

Wie?

h) 1. Petrus 2,18:
Wer?

Wie?

i) 1. Petrus 5,5
Wer?

Wie?

2. Nach den Aussagen von Petrus (1 Petr 3,2) ist es die Aufgabe einer mit einem ungläubigen Ehemann verheirateten Frau, sich ihrem Mann unterzuordnen und ihn zu achten und zu ehren. Im heutigen Sprachgebrauch würde man in diesem Zusammenhang von »Respekt« sprechen. Die folgenden Wörter sind alle Umschreibungen dieses Begriffes. Versuchen Sie, jeweils eine kurze Definition dahinter zu schreiben (das Benutzen eines Lexikons

ist erlaubt!), und fassen Sie dann zusammen, was unter »respekt-
vollem Verhalten« zu verstehen ist.

a) Höflichkeit

___

b) Aufmerksamkeit

___

c) Entgegenkommen

___

d) Übereinstimmung

___

e) Bewunderung

___

f) für wertvoll halten

___

g) Schätzen

___

h) Verehrung

___

i) Hochachtung

___

3. Ich habe im vorangegangenen Kapitel darüber gesprochen, wie
die Haltung und die innere Einstellung einer Frau zu dem Bild
beitragen kann, welches sich andere Menschen von ihrem Ehemann machen. Bitte denken Sie darüber nach, in welcher Weise
Sie über Ihren Mann gesprochen haben. Versetzen Sie sich in die
Situation derer, die Ihren Mann nur aus Ihren Erzählungen (und
nonverbalen Botschaften!) kennen, und versuchen Sie, allein auf-
grund dieser Information eine kurze Charakterstudie Ihres Mannes anzufertigen (bitte seien Sie dabei ganz ehrlich!):

___

___

___

Kapitel 4

Die Ehe nach
Gottes Plan

Nachdem wir nun darüber nachgedacht haben, was Gott von einer Ehefrau erwartet, sollten wir uns mit der Frage beschäftigen, wie in Gottes Augen eine ideale oder sagen wir lieber eine ihm wohlgefällige Ehe aussieht: Wie hat sich Gott die Ehe vorgestellt und welchen Unterschied macht es, wenn einer der beiden Partner nicht an Gott glaubt? Bestehen auch für eine Frau, die »am fremden Joch mit einem ungläubigen Mann zieht«, Aussichten, dass sich ihre Ehe harmonisch entwickelt, oder muss sie sich damit abfinden, dass ihre Ehe eine »Ehe zweiter Klasse« bleibt?

Um eine Antwort auf diese Frage zu finden, befragte ich eine größere und damit in gewisser Weise repräsentative Anzahl junger Frauen, deren Männer keine Christen sind, welchen Unterschied es in ihren Augen mache, wenn ihr Mann zum Glauben käme. Die wichtigste und ausnahmslos zuerst genannte Antwort war, wie man sich denken kann: »Es würde mir ein Stein vom Herzen fallen, wenn ich wüsste, dass er nach dem Tod in den Himmel kommt.« Außerdem wurde darauf hingewiesen, dass man zuversichtlich sei, eine Umkehr würde die ehe-interne Kommunikation verbessern – »weil wir ja dann beide vom Heiligen Geist erfüllt sind«.

Doch von diesen beiden Antworten einmal abgesehen, lasen sich die Wünsche meiner Freundinnen und Bekannten für die »Zeit danach« (sprich: nach der Bekehrung des Mannes) nicht viel anders als die Wunschliste einer durchschnittlichen Ehefrau, deren Mann bereits gläubig ist: »Ich hoffe, dass er dann seine Prioritäten anders setzt«, »Ich nehme an, er wäre dann ausgeglichener und rücksichtsvoller mir gegenüber«, »Ich wünsche mir mehr Übereinstimmung bei der Kindererziehung«, »Wir würden dann endlich in finanzieller Hinsicht am gleichen Strang ziehen!«

Ich frage mich jedoch, ob diese Erwartungen wirklich realistisch sind. Natürlich verändert sich das Verhalten von christlichen Ehemännern nach ihrer Umkehr, aber genausogut erfüllen sie auch nach dem »Tag X« die Erwartungen ihrer Ehefrauen nicht. Umkehr ist eben nicht gleichbedeutend mit Perfektion. Ich erinnere mich noch gut an eine Predigt, in der der Pastor die Frage stellte: »Was glauben Sie, dass geschieht, wenn ein schwieriger Mensch zum Glauben findet?« Er lieferte auch gleich die Antwort: »Dann ist aus einem schwierigen Menschen ein schwieriger Christ geworden!« Heiligung von heute auf morgen ist ein Wunschtraum! Lösen wir uns deshalb von solch unrealistischen Vorstellungen und arbeiten wir an unseren Ehen, so dass sie zu guten Ehen werden, unabhängig davon, ob der Mann nun Christ ist oder nicht. Sehen Sie als Ehefrau eines Nichtchristen Ihre Ehe ruhig als eine »christliche Ehe« an. Sie kann es werden, wenn für Sie in dieser Ehe Gottes Maßstäbe gelten.

Nachdem der Apostel Petrus die Aufgaben und Pflichten christlicher Ehefrauen aufgezählt hat, fügt er noch einige allgemeine Hinweise für das Gelingen einer Ehe hinzu. Im Folgenden wollen wir uns diese Hinweise näher ansehen und versuchen herauszufinden, was sie für die Ehefrau eines Nichtchristen praktisch bedeuten.

Harmonie: das A und O jeder Ehe

»Euch allen schließlich sage ich …«, beginnt Petrus seine Aufforderungen an die Ehefrauen und zählt dann insgesamt acht Eigenschaften auf, die eine gute Ehe ausmachen. Als Erstes sagt er: »Haltet in derselben Gesinnung zusammen […]« (1 Petr 3,8). Gott verlangt also auch von der Ehefrau eines Nichtchristen, alles zu tun, damit in ihrer Ehe Eintracht und Harmonie herrschen. Wenn die Ehe eine Erfindung Gottes ist und er in seinem Wort betont: »Wer eine Frau gefunden hat, hat das Glück gefunden; Gott meint es gut mit ihm« (Spr 18,22), so folgt daraus, dass eine gute Ehe dem Teufel ein Dorn im Auge ist. Die »Mächte der Finsternis«, von denen die Bibel spricht (Eph 6,12; Luther), werden also »Überstunden« einlegen und alles in ihrer Macht Stehende tun, um das Gelingen einer Ehe zu erschweren. Die christliche Ehefrau ist aufgerufen, dem entgegenzuwirken, indem sie eine »Friedensstifterin« ist (vgl. Mt 5,9) und Reibungspunkte zu vermeiden versucht.

Solche Reibungspunkte entzünden sich oftmals an Kleinigkeiten. Sheila erzählte, wie es bei ihr war: »Mein Mann raucht nun mal wie ein Schlot und ich kann das nicht vertragen. Das führte dann dazu, dass ich jedesmal ein Riesentheater veranstaltete, wenn er sich seinen Zigarillo ansteckte. Ich rannte zum Fenster, japste nach Luft, als sei eine Gasleitung undicht, und sah ihn an, als hätte er soeben seine Schwiegermutter ermordet. Ich korrigierte ihn, als sei er ein kleines Kind, wenn er fluchte. Ich machte ihm jedesmal eine Szene, wenn er mit seinen Kumpels Fußball spielte!«

»Und wodurch hat sich Ihre Einstellung dann geändert?«, wollte ich von Sheila wissen. »Ich stieß bei meinem Bibelstudium eines Tages auf Sprichwörter, Kapitel 25, Vers 28«, erzählte sie. »›Wie eine Stadt ohne Schutzwall, so ist ein Mann ohne Selbstbeherrschung.‹

Dieser Vers ging mir durch und durch, denn er gilt ja nicht nur für Männer. Ich hatte jedenfalls den Eindruck, dass er speziell für mich aufgeschrieben worden war, die ich mich inzwischen zu einer regelrechten Querulantin entwickelt hatte.«

Nachdem Sheila diese heilsame Selbsterkenntnis gehabt hatte, gab sie sich Mühe, ihren Zorn im Zaum zu halten und nicht ständig wütend zu werden, wenn ihr etwas am Verhalten ihres Mannes nicht gefiel. Selbst wenn es schwer fällt: Die Kraft wird Gott auch Ihnen geben, denn ihm liegt noch viel mehr daran als Ihnen, dass in Ihrer Ehe Eintracht und Harmonie herrschen und nicht Unruhe und Streit.

Mitgefühl: das Öl im Getriebe

Als Nächstes fordert Petrus: »Habt Mitgefühl füreinander!« Eine gute Ehefrau ist ebenso verletzlich wie ihr Mann. Was ihm weh tut, tut auch ihr weh; was ihn freut, freut auch sie. Wie sollte es anders sein? Mann und Frau sind nach den Aussagen der Bibel »ein Leib« und es ist klar, dass es der einen »Hälfte« nicht entgeht, wenn mit der anderen etwas nicht stimmt. Wie Christus sich mit unseren Leiden identifiziert und sie mitträgt, sollte auch die Ehefrau eines ungläubigen Mannes dessen Schwachheiten mittragen.

Im Brief an die Hebräer heißt es von Christus: »Trotzdem ist er nicht jemand, der kein Mitgefühl für unsere Schwächen haben könnte. Er wurde ja genau wie wir auf die Probe gestellt – aber er blieb ohne Sünde« (Hebr 4,15). Hier eröffnet sich eine ganz große Chance für die mit einem Nichtchristen verheiratete Frau: Sie kann gewissermaßen den Platz Christi einnehmen und an seiner Statt für ihren Mann eintreten – so lange, bis dieser selbst Jesus als seinen Herrn und Erlöser annimmt.

Erinnern Sie sich doch einmal daran, wie es war, als Sie selbst noch nicht wiedergeboren waren, und übertragen Sie dieses Gefühl dann auf die Situation Ihres Mannes! Denn er befindet sich ja noch immer in derselben traurigen Lage, aus der Gott Sie befreit hat. Er lebt ohne Gott und deshalb, wie es die Bibel sagt, »ohne Hoffnung« in dieser Welt (Eph 2,12). Wie Christus für seine Kinder auch heute noch beim Vater eintritt (vgl. Hebr 7,25), so kann auch die christliche Ehefrau für ihren nichtchristlichen Mann eintreten: »Darum wollen wir mit Zuversicht vor den Thron unseres gnädigen Gottes treten. Dort werden wir, wenn wir Hilfe brauchen, stets Liebe und Erbarmen finden« (Hebr 4,16).

Natürlich wäre es für die Frau einfacher, sich dem Mann gegenüber zu verschließen. Aber sie sollte einen inneren Rückzug unter allen Umständen vermeiden, denn auch Christus zieht sich nicht von den Menschen zurück – auch nicht von den Sündern! Verzichten Sie als Frau eines ungläubigen Mannes darauf, Ihren Partner zu verurteilen. Es stimmt: Er ist ein Sünder, aber Sie sind ebenfalls eine Sünderin, mit der einzigen Ausnahme, dass Ihnen die Schuld vergeben wurde, denn: »Christus [hat] sein Leben für uns hingegeben […]. Zur rechten Zeit, als wir noch in der Gewalt der Sünde waren, ist er für uns gottlose Menschen gestorben« (Röm 5,6). Versetzen Sie sich in Ihren Mann hinein; zeigen Sie ihm gegenüber Verständnis und Mitgefühl und Sie werden sehen: Es wird ein neues Band der Verbundenheit in Ihrer Ehe entstehen!

Die Ehefrau: die beste Freundin des Mannes

Die dritte Aufforderung von Petrus lautet: »Liebt euch gegenseitig als Brüder und Schwestern!« Dieser Aspekt bezieht sich auf die Verbundenheit in der Ehe; wir würden heute sagen: auf den Aspekt der

Freundschaft. Aufgabe der Frau ist es nicht nur, zu Hause eine gute Atmosphäre zu schaffen und die sexuelle Partnerin ihres Mannes zu sein; sie sollte auch seine beste Freundin sein. Freunde sind gerne zusammen. Sie unternehmen Dinge gemeinsam, reden und schweigen zusammen, haben gemeinsame Hobbys und fühlen sich dann am wohlsten, wenn sie sich möglichst oft sehen.

Wie oft habe ich es schon erlebt, dass Ehefrauen sich alle möglichen Freundinnen aussuchen und ihren eigenen Ehemann darüber ganz vergessen! Die christliche Ehefrau schwärmt von allen möglichen Leuten, nur nicht von ihrem Mann. Schließlich wird für ihn offensichtlich, dass sie lieber Zeit mit Leuten aus der Kirchengemeinde verbringt als mit ihm! Sie kümmert sich um die Sorgen ihrer »Glaubensgeschwister« und vernachlässigt darüber ihren eigenen Mann! Auch hier gilt, dass dem nichtchristlichen Ehemann mit Respekt und durch gelebten Glauben die Liebe Gottes gezeigt werden soll – und das kann nicht geschehen, wenn sich seine Frau von ihm zurückzieht.

Seien Sie barmherzig!

Petrus fährt fort: »Seid gütig …!« (1 Petr 3,8). Ehepartner sollten sich in einer Haltung der Zartheit begegnen. Sie sollten freundlich und gütig zueinander sein, barmherzig und vergebungsbereit. Fällt Ihnen etwas auf? All dies sind Eigenschaften Gottes! Wie uns in den vier Evangelien berichtet wird, kam es immer wieder vor, dass die Menschen Jesus sehnsüchtig nachfolgten, sich regelrecht an ihn hingen (vgl. Mt 9,20), weil sie wussten: So wie dieser Mensch redet, hat noch niemand zuvor geredet, und was dieser Mensch tut, hat noch kein Mensch vor ihm getan. Christus hatte Mitleid und Mitgefühl mit den Menschen und er hat buchstäblich Tränen vergossen, wenn die Menschen in ihrem Starrsinn und ihrer Dummheit nicht auf ihn hören wollten (vgl. Mt 23,37).

Ich hörte in einem Gottesdienst einmal folgende Definition des Begriffes »Barmherzigkeit«: »Barmherzigkeit gibt einem Menschen das Gegenteil dessen, was er eigentlich verdient hätte.« Ich will gar nicht bestreiten, dass Ihr Ehemann Ihren Ärger und Ihre Bitterkeit gelegentlich verdient. Aber ein Christ sollte seinen Mitmenschen nicht das antun, was sie verdient haben. Das Richten steht allein Gott zu; der Mensch ist dazu aufgefordert, Barmherzigkeit zu erweisen: »Freuen dürfen sich alle, die barmherzig sind – Gott wird auch mit ihnen barmherzig sein«, sagt Jesus in der Bergpredigt (Mt 5,7). »Ihr wißt, daß es heißt: ›Auge um Auge, Zahn um Zahn.‹ Ich aber sage euch: Verzichtet auf Gegenwehr, wenn euch jemand Böses tut! Mehr noch: Wenn dich jemand auf die rechte Backe schlägt, dann halte auch die linke hin. Wenn jemand mit dir um dein Hemd prozessieren will, dann gib ihm den Mantel dazu. Und wenn jemand dich zwingt, *eine* Meile mit ihm zu gehen, dann geh mit ihm zwei« (Mt 5,38-41).

Gottes Barmherzigkeit ist so grenzenlos, dass er nur sehr zögerlich dem Sünder das zukommen lässt, was dieser eigentlich verdient hat, und das gilt nicht nur für einen (nach menschlichen Maßstäben) »durchschnittlichen« Sünder, sondern auch für die wirklich schlimmen. Gott möchte, dass auch diese Menschen den Weg zu ihm finden. Das ist auch der Grund, warum Jesus sein zweites Kommen bis heute immer wieder herausgezögert hat: »Der Herr erfüllt seine Zusagen nicht zögernd, wie manche meinen. Im Gegenteil: Er hat Geduld mit euch, weil er nicht will, daß einige zugrunde gehen. Er möchte, daß alle Gelegenheit finden, von ihrem falschen Weg umzukehren« (2 Petr 3,9).

Wenn schon Gott, der Heilige und Gerechte, dem es wirklich zustünde, jedem das zu geben, was er verdient hat, so zurückhaltend ist mit seiner Vergeltung, wie viel mehr müssen wir Menschen es sein! Nehmen Sie sich als Ehefrau eines ungläubigen Mannes darum Christus zum Vorbild. Danken Sie Gott jeden Tag dafür, dass er Ihrem Mann die Tür zum ewigen Leben noch nicht verschlossen hat.

Räumen Sie Ihrem Mann den ersten Platz ein

Die letzte Aufforderung des Apostels Petrus lautet: »Seid … zuvorkommend zueinander!« (1 Petr 3,8). In einer Ehe, die Gottes Plan entspricht, verhalten sich beide Partner aufopfernd. Sie suchen das Wohl des anderen und nicht ihr eigenes. Was die Bibel unter einer demütigen Geisteshaltung versteht, hat der Apostel Paulus an anderer Stelle folgendermaßen definiert: »Handelt nicht aus Selbstsucht oder Eitelkeit! Seid bescheiden und achtet den Bruder oder die Schwester mehr als euch selbst. Denkt nicht an euren eigenen Vorteil, sondern an den der anderen, jeder und jede von euch!« (Phil 2,3-4).

Die Ehefrau eines Nichtchristen sollte eine solche demütige Haltung besitzen. Um ihrem Mann zu dienen, sollte sie auf Ansprüche verzichten, die ihr als Christin rechtmäßig zustehen. Sie verzichtet darauf, ohne dies an die »große Glocke« zu hängen. Was sie antreibt, ist Liebe, nicht Egoismus. Sie sehnt sich danach, dass ihr Mann gerettet wird, aber das tut sie für ihn und nicht, weil seine Umkehr ihr das Leben leichter machen würde. Sie verfällt nicht auf den Gedanken, sie sei besser als ihr Mann oder habe die Gnade Gottes eher verdient als er. Sie weiß, dass Gnade ein unverdientes Geschenk ist, und wünscht sich von Herzen, dass ihr Mann dasselbe Geschenk annimmt, das sie von Gott erhielt. Die geistlichen Bedürfnisse des Ehemanns sind ihr im Zweifelsfall wichtiger als die eigenen.

Sie schützt seinen Ruf und tut alles dafür, um sein Selbstwertgefühl zu fördern und zu stärken. Seine Rechte sind ihr wichtiger als ihre (vermeintlichen) Rechte – und in allem folgt sie dem Beispiel Jesu (vgl. Phil 2,5).

Je mehr und je intensiver ich mich mit der Heiligen Schrift befasse, umso mehr staune ich darüber, wie genau uns Gott kennt und wie konkret er auf unsere Schwächen und Unzulänglichkeiten eingeht. Er weiß, dass wir Menschen dazu neigen, uns zu verteidigen, auf Kritik mit Gegenkritik antworten und grundsätzlich davon ausgehen, dass wir im Recht sind und der andere nicht. Deshalb verordnet er uns Barmherzigkeit. Er weiß, dass wir gerne unsere eigenen Wunden lecken und die der anderen dabei übersehen. Deshalb verordnet er uns Mitgefühl. Er weiß, dass es unserer Natur widerspricht, jemanden freundlich zu behandeln, der uns verletzt oder sogar beleidigt hat. Deshalb verordnet er uns brüderliche (bzw. »schwesterliche«) Liebe. Er weiß, dass wir gerne mit anderen »quitt« sind und nach dem Motto denken und handeln: »Wie du mir, so ich dir!« Deshalb sagt er uns: Seid einander freundlich gesonnen! Und er weiß, wie leicht wir stolz werden und uns für besser halten als den »Rest der Welt«. Deshalb fordert er uns auf, demütig zu sein.

»Quitt« sein?

Es ist überwältigend zu sehen, wie gut Gott unsere menschliche Natur doch kennt, wenn er uns klare Richtlinien gibt, was wir *nicht* tun sollen: »Haltet in derselben Gesinnung zusammen und habt Mitgefühl füreinander! Liebt euch gegenseitig als Brüder und Schwestern! Seid gütig und zuvorkommend zueinander!« (1 Petr 3,8). Über diese Aufforderung habe ich in den vorangegangenen Abschnitten gesprochen. Der Vers geht jedoch noch weiter: »Vergeltet Böses nicht mit Bösem, und gebt Beleidigungen nicht wieder zurück! Im Gegenteil, segnet eure Beleidiger, denn Gott hat euch dazu berufen, seinen Segen zu empfangen« (1 Petr 3,9). In diesen beiden Versen finden wir zwei der wichtigsten Prinzipien für das Gelingen einer Ehe überhaupt. Der erste Teil zielt auf die Taten, der zweite auf die Worte.

Böses mit Bösem zu vergelten ist eine kindische Handlungsweise. »Er hat angefangen!« – »Geschieht ihm ganz recht!« So reden Fünfjährige und wer als Erwachsener »quitt« sein will, ist auf diesem Entwicklungsstadium stehen geblieben. In einer Ehe, in der einer der Partner gläubig ist und der andere nicht, gibt es nichts Zerstörerisches als eine solche Vergeltungsmentalität. In den Sprichwörtern Salomos heißt es: »Nimm dir nicht vor, erlittenes Unrecht selber zu vergelten! Vertrau auf Gott, er wird dir Recht verschaffen« (Spr 20,22) und an anderer Stelle: »Denke nicht: ›Wie du mir, so ich dir; jetzt wird die Rechnung beglichen‹!« (Spr 24,29). Vergeltung kommt für einen Christen nicht in Frage!

Eine meiner Bekannten – ich will sie Annette nennen – erzählte mir, wie »stinksauer« sie vor einigen Monaten gewesen sei, als ihr Mann einmal pro Woche abends nicht nach Hause kam, weil er direkt nach dem Dienst zum Bowling ging. Selbst das Essen nahm er auswärts ein, so dass Annette an diesem Wochentag die Kinder alleine ins Bett bringen musste. Auch gefiel ihr nicht, dass sich ein paar seiner Kolleginnen (darunter einige äußerst attraktive) entschlossen hatten, die Männer an diesem Abend zu begleiten, nicht nur zum Bowling, sondern auch noch zu einem gemütlichen Beisammensein hinterher. »Er kam immer in gehobener Stimmung nach Hause und verzog sich dann ins Fernsehzimmer!«, erzählte sie. »Irgendwann dachte ich dann: Schön, wenn du es nicht anders willst, spiele ich das Spiel mit!« Sie nahm sich dann auch einen Abend in der Woche »frei« und belegte einen Kurs an der Volkshochschule. »Wir gaben einander nur noch die Klinke in die Hand und ich genoss es fast, wenn ich Davids verzweifelten Gesichtsausdruck sah. Schließlich hatte er mit dem ganzen Unsinn angefangen. Sonntags traf ich mich mit den Kindern und ein paar Freunden aus dem Kurs bei McDonald's. Sollte David doch sehen, wie er klarkam!«

Aber irgendwann habe dann ihr Gewissen derart unüberhörbar geschlagen, erzählte Annette, dass sie es nicht länger habe ignorieren können. »Es war furchtbar. Wir sahen uns kaum noch, waren wütend aufeinander und schluckten unseren Ärger hinunter.« Eines Abends habe sie dann die Kehrtwende eingeleitet. Statt wie üblich zur Volkshochschule zu gehen, besorgte Annette einen Babysitter, zog sich ihr feinstes Abendkleid an, kochte ein 5-Sterne-Menü, zündete überall im Esszimmer Kerzen an und hängte ein großes Schild mit der Aufschrift: »Es tut mir Leid!« auf. Als David nach Hause kam, war er zunächst verwirrt, dann hocherfreut und schließlich sichtlich gerührt. Die beiden sprachen sich aus und nahmen sich vor, von nun an anders miteinander umzugehen. Der Babysitter wurde für Davids Bowling-Abend engagiert und Annette kam auch hinterher noch mit ins Club-Restaurant. Der Volkshochschul-Kurs war ohnehin nach zwei Wochen zu Ende und wurde nicht verlängert. David bestand aber darauf, dass Annette etwas für ihre Weiterbildung tun sollte, spätestens dann, wenn der Jüngste in die Grundschule kam. Und das 5-Sterne-Essen bei Kerzenschein war für die beiden nicht ihr letztes.

Während sich »Böses mit Bösem vergelten« auf Handlungen bezieht, geht es bei den »Beleidigungen« vor allem um die verbale Ebene. Wenn uns jemand beleidigt, neigen wir dazu, den anderen ebenfalls zu beleidigen. Nur ungern verzichten wir darauf, das letzte Wort zu behalten. Viel näher liegt es uns, den anderen – je nachdem – sarkastisch, ironisch oder schlicht verletzend »herunterzuputzen«. Weil Gott dieses Verhalten kennt, schärft er uns ein, unsere Worte abzuwägen und nicht überzureagieren. Vor allem in einer solch engen Beziehung wie einer Ehe darf es nicht vorkommen, dass sich die Partner gegenseitig beleidigen. Viele Ehefrauen, die mit

Nichtchristen verheiratet sind, haben mir gesagt, sie hätten im Laufe der Zeit ihre eigene »fromme« Variante des verbalen Schlagabtauschs entwickelt: Jedem bösen Wort ihres Mannes begegnen sie mit dem passenden Bibelvers. Doch jemanden mit Zitaten aus der Heiligen Schrift einzudecken, wenn eigentlich liebevolles Verständnis für ihn angebracht wäre, macht die Sache nicht besser, sondern eher noch schlimmer. Christel hatte dies nach vielen fruchtlosen Diskussionen eingesehen: »Was nutzt das alles?«, fragte sie selbstkritisch. »Ich gewinne dann vielleicht die Diskussion, aber schließlich will ich nicht eine Diskussion gewinnen, sondern meinem Mann die Liebe Gottes zeigen!«

Petrus fordert uns auf, unserem Partner nicht sarkastisch oder ironisch zu begegnen, auch nicht jede verbale Attacke mit einer Gegenattacke zu beantworten, sondern einander zu segnen (vgl. 1 Petr 3,9), weil auch wir »seinen [Gottes] Segen zu empfangen«. »Laßt ja kein giftiges Wort über eure Lippen kommen!«, ermahnt auch Paulus, »Seht lieber zu, daß ihr für die anderen, wo es nötig ist, ein gutes Wort habt, das weiterhilft und denen wohltut, die es hören« (Eph 4,29). Ich weiß, wie schwer das ist, denn wie oft entschlüpft uns ein böses Wort, das wir eigentlich gar nicht sagen wollten.

Oft schlage ich darum Frauen, die damit Probleme haben, vor, lieber eine Zeitlang gar nichts zu sagen, als in Kauf zu nehmen, etwas zu sagen, das sie hinterher bitter bereuen. Ich will damit nicht sagen, dass ich Schmollen oder »eingeschnappt« sein für eine empfehlenswerte Form der Kommunikation halte. Es spricht jedoch nichts dagegen, erst einmal ein paar Minuten (oder auch länger) abzuwarten, bis sich die erhitzten Gemüter abgekühlt haben, und dann über das Problem so sachlich wie möglich zu reden. Ansonsten besteht die Gefahr, dass die Kommunikation mit dem Partner zu einer »Negativspirale« wird, aus der es so schnell kein Entkommen mehr gibt. »Ein Wort gab das andere …« – wie oft muss man sich in der seelsorgerlichen Beratung diesen Seufzer anhören. Wer für eine Zeitlang auf Worte verzichtet, ist dagegen weise. »Ein Hitzkopf erregt Streit; wer schnell aufbraust, macht viele Fehler«, heißt es in den Sprichwörtern Salomos (Spr 29,22), und: »Wenn du wirklich etwas gelernt hast, gehst du sparsam mit deinen Worten um. Ein Mensch, der sich beherrschen kann, zeigt, daß er Verstand hat. Sogar ein Dummkopf kann für klug und verständig gehalten werden – wenn er nur den Mund halten könnte« (Spr 17,27-28).

Bitte verstehen Sie mich nicht falsch: Es geht mir nicht darum, der Ehefrau eines ungläubigen Mannes zu empfehlen, sich als »Fußabtreter« behandeln zu lassen. Natürlich soll sie ihrem Mann sagen, wie sie sich fühlt, und natürlich soll sie ihren verletzten Gefühlen Luft machen. Mir geht es lediglich darum, dass dies in einer sachlichen Atmosphäre geschieht und sie sich nicht dazu hinreißen lässt, ihre Zunge als Waffe zu benutzen. Das rechte Wort zur rechten Zeit – darum geht es! »Wie goldene Äpfel auf silbernen Schalen, so sind treffende Worte im richtigen Augenblick. [...] Ein guter Mensch hilft mit überlegten Antworten; der Unheilstifter sprudelt über von unheilvollen Reden« (Spr 25,11; 15,28) – mit anderen Worten: Achten Sie auf die Umstände und sprechen Sie zur rechten Zeit.

Ein Fleisch sein – Chance und Gefahr in jeder Ehe

Der Teufel lacht sich ins Fäustchen, wenn sich Mann und Frau nicht verstehen. Und weil er weiß, dass die Sexualität die intimste Form der Kommunikation zwischen Eheleuten ist, setzt er alles daran, um vor allem in diesem Bereich für Probleme zu sorgen. Bei der gläubigen Ehefrau eines Nichtchristen verlegt er sich für gewöhnlich darauf, dieser die Freude am sexuellen Kontakt zu nehmen und dies auch noch geistlich zu begründen. Nach meiner Überzeugung versucht der Teufel auf keinem Gebiet in einer Ehe mehr Einfluss zu nehmen als auf dem sexuellen.

Viele Frauen haben mir gegenüber zum Ausdruck gebracht, dass ihnen nach ihrer Umkehr der »sexuelle Appetit« vergangen sei. Eine der Frauen, mit denen ich sprach, sagte sogar, sie habe sich schuldig gefühlt und den Eindruck gehabt, als Christin »dürfe« sie nicht mehr alles, was sie vorher gedurft hatte. »Wir hatten jede Menge Spaß beim Sex«, erzählte mir Rachel. »Wir haben ständig neue Sachen ausprobiert, aber als ich mich dann bekehrte, wurde ich auf einmal verklemmt und weiß auch nicht genau, warum. Es fällt mir zwar schwer, es zuzugeben, aber ich glaube, ich hatte plötzlich das Gefühl, Sex sei etwas Unanständiges!«

Rachels Gefühle sind zwar nicht ungewöhnlich, aber dennoch absolut unnötig und vor allem unbiblisch. Sexualität ist eine Erfindung Gottes und warum sollte derjenige, der den Spaß erfunden hat, auf einmal ein Spaßverderber sein? Wenn sich ein Paar in diesem Bereich gut versteht, wird die Ehe zum »Himmel auf Erden«; doch es gilt auch das Umgekehrte: Sexuelle Schwierigkeiten können einem Ehepaar das Leben unerträglich machen.

In der Mathematik haben wir gelernt: Eins und eins gleich zwei. Im sexuellen Bereich jedoch gilt: Eins und eins bleibt eins! Zwei Menschen verschmelzen miteinander, so eng, dass die Bibel davon spricht, die beiden würden »ein Leib«. Dies mag unlogisch erscheinen und schwer zu verstehen sein, aber genauso drückt es die Heilige Schrift aus: So wie der Mensch eins mit Christus wird, wenn er umkehrt, so werden Mann und Frau eins, wenn sie sich in Liebe miteinander verbinden. Diese Einheit umfasst nicht nur den körperlichen Bereich. Auch Seele und Geist verschmelzen miteinander, so eng, dass eine Trennung ohne schwerwiegende Folgen für beide Seiten nicht möglich ist. Gott möchte, dass der sexuelle Bereich Ihrer Ehe ganz allein Ihnen und Ihrem Mann gehört. Hier hat niemand sonst Zutritt. Niemand darf sich einmischen und es hat auch niemand das Recht, Ihnen Schuldgefühle einzureden oder das »mies zu machen«, was in Gottes Augen »sehr gut« ist. Aus diesem Grund spielt es auch keine Rolle, ob beide Partner Christen sind.

Mission im Schlafzimmer

Im 7. Kapitel des 1. Korintherbriefes gibt der Apostel Paulus sehr genaue Anweisungen zum Geschlechtsverkehr, wobei zu beachten ist, dass es gerade in der Gemeinde von Korinth sehr viele »ungleiche Ehepaare« gab, das heißt, gläubige Frauen, die »am fremden Joch« zogen mit ihren ungläubigen Ehemännern. Insofern sind die Worte von Paulus für unser Thema besonders bedeutsam. Das Erste, was Paulus klarstellt, ist die Tatsache, dass der geschlechtliche Bereich zu einer Ehe dazugehört. Eine Ehe ohne Sex ist (im Normalfall) keine Gott gefällige Ehe! Paulus warnt die Ehepartner vor den Versuchungen, denen einer der Partner unweigerlich ausgesetzt ist, wenn sich ihm der andere »entzieht«, das heißt den sexuellen Verkehr verweigert.

»Damit ihr nicht der Unzucht verfallt, soll jeder Mann seine Ehefrau haben und jede Frau ihren Ehemann. Der Mann soll der Frau die eheliche Pflicht leisten und ebenso die Frau dem Mann« (1 Kor 7,2-3). Fällt Ihnen etwas auf? Der Apostel erwähnt mit keinem Wort den geistlichen Stand des Partners! Ob dieser gläubig ist oder nicht, scheint absolut keine Rolle zu spielen! Wenn Sie als gläubige Frau Ihrem Mann die sexuelle Erfüllung permanent vorenthalten, dürfen Sie sich nicht wundern, wenn er sie woanders sucht – vor allem dann, wenn er sich nicht an die Gebote Gottes gebunden fühlt.

Das bedeutet nicht, dass Sie ständig vor Lust sprühen müssen, und es bedeutet auch nicht, dass Sie nicht gelegentlich »Nein« sagen dürften. Der sexuelle Appetit der Frau variiert nun einmal. Und für jeden gibt es Zeiten, in denen er allein gelassen werden möchte. Aber dennoch gibt es einen Unterschied zwischen gelegentlich Nein sagen und permanentem Entzug. Eine liebevolle Ehefrau setzt ihren Partner nicht »auf Diät« und sie versucht auch nicht, ihm vorzuschreiben (ausgesprochen oder unausgesprochen), wie oft in der Woche sie mit ihm schlafen möchte. Eine liebevolle Ehefrau ist offen für Spontaneität, völlig unabhängig davon, ob der Mann gläubig ist oder nicht.

Dr. Herbert J. Miles drückt es in seinem Buch *Sexual Happiness in Marriage* (»Sexuelles Glück in der Ehe«) folgendermaßen aus: »Die liebevolle und weise Ehefrau sieht Sex als ein Missionsfeld an. Ihr geht es beim Geschlechtsverkehr vor allem darum, für ihren Mann ein Segen zu sein.«[1]

Doch wie steht es nun mit Rachels Gefühl, Sex sei etwas Schmutziges, genauer gesagt, ihrem Empfinden, dass gewisse Praktiken nicht erlaubt seien? Was ist erlaubt und was nicht? Auch auf diese Fragen gibt der Apostel Paulus eine Antwort: »Die Frau verfügt nicht über ihren Körper, sondern der Mann; ebenso verfügt der Mann nicht über seinen Körper, sondern die Frau« (1 Kor 7,4). Ich schließe daraus, dass es der Frau erlaubt, ja geboten ist, auf die Wünsche ihres Mannes einzugehen und alles zu tun, was ihm gefällt und ihm Befriedigung verschafft. Im Brief an die Hebräer heißt es: »Die Ehe soll von allen geachtet werden. Ihr dürft das Ehebett nicht durch Untreue beflecken« (Hebr 13,4). Die Ehe – und der Geschlechtsverkehr in der Ehe – ist von Gott eingesetzt und wird durch ihn geheiligt. Praktiken, die einen der Partner verletzen, sind folglich nicht mit der Bibel zu vereinbaren.

Lesen Sie zu dem Thema »Sexualität« doch einmal das Hohelied der Liebe. Vielfach ist der Bibel und dem Christentum Prüderie vorgeworfen worden. Wie immer sich einzelne Christen verhalten haben mögen: Das Wort Gottes spricht eine sehr deutliche und offenherzige Sprache, so zum Beispiel in den Sprichwörtern, Kapitel 5, Verse 18-19, wo es heißt: »Freue dich an der Frau, die du jung geheiratet hast […]. Anmutig wie eine Gazelle ist sie. Ihre Brüste sollen dich immer berauschen, in ihren Armen kannst du dich selbst vergessen!«

Gott hat die Frau so geschaffen, dass sie sexuelles Verlangen nach ihrem Mann im Herzen trägt (vgl. Gen 3,16). Wenn dieses Verlangen nicht mehr vorhanden oder schwächer ausgeprägt ist als gewöhnlich, sollte die Frau ihren Schöpfer darum bitten, es wieder herzustellen. Selbstverständlich ist gegebenenfalls auch der Rat des Hausarztes oder Gynäkologen einzuholen, denn bei weitem nicht alle Probleme in diesem Bereich sind psychosomatischer Natur. Wenn körperliche Ursachen ausgeschlossen wurden, sollte sich die Frau fragen, ob ihre Unlust nicht damit zusammenhängen könnte, dass ihr Mann kein Christ ist.

Bei meiner Bekannten Barbara war dies der Fall. Sie erzählte mir, sie habe nach ihrer Umkehr immer das Gefühl gehabt, nach dem sexuellen Verkehr unrein oder »besudelt« zu sein. Erst eine seelsorgerlich-therapeutische Behandlung machte ihr klar, dass sie unterbewusst dazu übergegangen war, ihren Mann mit diesen Gefühlen dafür zu »bestrafen«, dass er ihren Glauben nicht teilte. Heute sieht Barbara ihre Rolle als Partnerin völlig anders: »Ich bin gläubig, bin also vom Heiligen Geist erfüllt und gehe deshalb davon aus, dass bei jeder körperlichen Gemeinschaft mein Mann etwas vom Geist Gottes ›abbekommt‹. Neuerdings bete ich jedesmal, bevor wir miteinander schlafen dafür, dass es für Phil schön wird und dass er durch die körperliche Gemeinschaft auch in geistlicher Hinsicht gesegnet wird.«

Wenn Sie keine Freude am Sex haben, könnte es daran liegen, dass Sie Gottes Perspektive für Ihr »Missionsfeld im Schlafzimmer«

noch nicht verstanden haben. Gott möchte, dass Sie Ihrem Ehemann mit Ihrem Körper dienen! Welche Probleme sich dabei ergeben können und was Sie dafür tun können, um die eheliche Gemeinschaft mit Ihrem Mann zu verbessern, wollen wir uns im Folgenden ein wenig genauer ansehen.

»Aber er redet so wenig ...«

Wenn es stimmt, dass der sexuelle Verkehr die intimste Form der Kommunikation in einer Ehe ist, folgt daraus unweigerlich, dass sich Kommunikationsschwierigkeiten in anderen Gebieten auch auf den sexuellen Bereich auswirken. Wer sich als Frau tagsüber einem schweigenden oder »schmollenden« Mann gegenübersieht, wird Probleme damit haben, sich abends einem solchen Partner sexuell hinzugeben. Grundsätzlich sieht die Frau – darin sind sich die meisten Forscher einig – das Geschlechtliche ganzheitlicher als der Mann. Ein Mann wird durch äußere Reize sexuell erregt und es stört ihn auch wenig, wenn es tagsüber zwischen ihm und seiner Frau einige Unstimmigkeiten gegeben hat. Auch Geräusche im Haus, Kinder, die noch wach sind, oder Nachbarn, die etwas hören könnten, sind für den Mann ein geringeres Problem als für die Frau. Die meisten christlichen Ehefrauen, die mit Nichtchristen verheiratet sind, verhalten sich vor allem deshalb sexuell so zurückhaltend, weil sie es nicht verstehen können, wie ein Mann, der sich den ganzen Tag über »zugeknöpft« (sprich: wenig kommunikativ) verhalten hat, nun auf einmal abends von seiner Frau erwartet, dass diese begeistert auf seine sexuellen Wünsche eingeht.

Für die Frau umfasst Sex das ganze Leben. Sie will nicht nur etwas Äußeres, sondern etwas Inneres, besser gesagt: die vollkommene Harmonie von beidem. Die Frau findet es »erregend«, wenn der Mann ihr Blumen mitbringt, wenn er sie beim Abendessen mit liebevollen Worten umgibt, wenn er beim Spülen hilft und sie mit der Aufgabe, die Kinder ins Bett zu bringen, nicht allein lässt. Eine Frau möchte »eingestimmt« werden, ein Mann kann direkt »loslegen«.

Doch Sie können den Spieß auch umdrehen! Es stimmt zwar, dass Sex normalerweise der Gipfel der Kommunikation ist, aber ich bin davon überzeugt, dass er sich mit etwas Kreativität und gutem Willen auch zu deren Ausgangspunkt umfunktionieren lässt! Versuchen Sie doch einmal, sich im körperlichen Miteinander ganz bewusst das Ziel zu setzen, etwas über die innersten Gedanken und Gefühle Ihres Mannes zu erfahren. Fragen Sie ihn, wie es ihm geht, woran er gerade denkt und in welchen Bereichen er Ihre Unterstützung braucht. Öffnen Sie sich auch Ihrerseits und nutzen Sie die Zeit in den Armen Ihres Mannes für das Gespräch mit ihm. Sagen Sie ihm, wie sehr Sie es schätzen, dass er für Sie da ist und auf Sie eingeht, und danken Sie ihm dafür, dass er Ihnen zuhört (auch wenn Sie sich vielleicht wünschen, dass er dies noch öfter und intensiver täte).

Vergessen Sie nie, dass es für Männer ungleich schwerer ist, sich zu öffnen, als für Frauen. Das liegt nicht daran, dass Männer keine Empfindungen hätten oder grundsätzlich nicht bereit wären, darüber zu sprechen. Es liegt eher am gesellschaftlichen Umfeld, das Männer dahingehend konditioniert hat, dass sie stark sein müssen. Obwohl sich inzwischen in dieser Hinsicht einiges verändert hat, gilt es immer noch als nicht opportun, wenn sich Männer eine Blöße geben. Ich bin davon überzeugt, dass eine Frau durch ihre Zärtlichkeit und Zartheit im sexuellen Bereich am besten erreichen kann, dass der Mann sich so geben kann, wie er ist.

Auch wenn Ihnen diese Gedanken noch neu und unvertraut sind und Sie vielleicht Zweifel hegen hinsichtlich der Frage, ob Sie kreativ genug sein werden, um Ihrem Mann seine innersten Gefühle zu »entlocken« – eines sollten Sie als Frau eines ungläubigen Mannes auf keinen Fall tun: sich sexuell von ihm zurückziehen, weil Sie ihm vorwerfen, tagsüber nicht mit Ihnen gesprochen zu haben. Seien Sie als Christin ein Vorbild im Vergeben und versuchen Sie, von dieser Warte aus die geschlechtliche Gemeinschaft zur Kommunikation zu nutzen.

»… wie auch wir vergeben unseren Schuldigern«

Ein weiteres Problem, über das viele Frauen von Nichtchristen berichten, besteht darin, dass sie es einfach nicht schaffen, die Vergangenheit ruhen zu lassen. »Wie kann ich jemals das Negative vergessen, das mein Mann in unsere Ehe hineinträgt, weil er nicht gläubig ist?«, fragte Melanie. Vergeben und Vergessen der Vergangenheit ist nicht nur schwer, sondern unmöglich: »Das liegt daran, dass wir Menschen sind,« schreibt Karen Burton Mains in ihrem Buch *Key to a Loving Heart* (»Schlüssel zu einem liebevollen Herzen«): »Menschen sind nun einmal so beschaffen, dass es ihnen nicht gelingt, mit dem Problem der Schuld fertig zu werden, weder mit der eigenen noch mit der ihrer Mitmenschen.«[2] Und gerade deshalb brauchen sie einen Heiland, einen Retter, der sie von ihrer Schuld befreit!

Hören Sie darum auf, sich verzweifelt darum zu mühen, mit der Schuld Ihres Mannes fertig zu werden. Überlassen Sie diese Aufgabe Gott! Was Sie tun können, ist etwas anderes: Sorgen Sie dafür, dass Hass, Bitterkeit und Groll in Ihrem Herzen keine Wurzeln schlagen. Und vergessen Sie nie, dass auch Sie nur deshalb in den Himmel kommen werden, weil Gott Ihnen Ihre Schuld um Christi willen vergeben hat. Also: Vergeben Sie Ihrem Mann. »Aber wenn ihr betet, sollt ihr euren Mitmenschen vergeben, falls ihr etwas gegen sie habt, damit euer Vater im Himmel auch euch die Verfehlungen vergibt« (Mk 11,25).

Haben Sie den Eindruck, dass Gott etwas Unmögliches von Ihnen verlangt? Ich glaube, die Aussage dieses Verses zielt darauf, uns Menschen klar zu machen, dass mangelnde Vergebungsbereitschaft eine Sünde ist und dass wir zulassen sollten, dass Gott auch anderen Menschen ihre Schuld vergibt, so wie er sie auch uns vergeben hat. Wo wären wir, wenn Gott nicht in unserem eigenen Fall hätte Gnade vor Recht ergehen lassen? »Er straft uns nicht, wie wir es verdienten, unsere Untaten zahlt er uns nicht heim. So unermeßlich groß wie der Himmel ist seine Güte zu denen, die ihn ehren. So fern der Osten vom Westen liegt, so weit entfernt er die Schuld von uns. Wie ein Vater mit seinen Kindern Erbarmen hat, so hat der Herr Erbarmen mit denen, die ihn ehren« (Ps 103,10-13). Halten Sie darum Ihrem Mann nicht länger seine Verfehlungen vor und gönnen Sie ihm das, was Sie selbst erfahren haben: Vergebung!

Als Frau die Initiative ergreifen

Männer brauchen das Gefühl, dass sie gebraucht werden (uns Frauen geht es doch nicht anders, oder?). Und dieses Gefühl beschränkt sich für einen Mann nicht darauf, dass er weiß: »Meine Frau braucht mich, wenn der Wasserhahn tropft oder der Rasen gemäht werden muss, wenn die Kinder zum Fußballverein gebracht werden müssen und ein Haken in die Wand gedübelt werden soll.« Nein, ein Mann braucht auch das Gefühl, dass seine Frau ihn attraktiv findet und sexuell begehrt. Und deshalb spricht absolut nichts dagegen, wenn eine Frau auch auf sexuellem Gebiet die Initiative ergreift. Die Männer mögen das! Es zeigt ihnen, dass sie geliebt und begehrt werden.

Machen Sie sich nichts vor: Ihr Ehepartner weiß genau, dass die Tatsache, dass er nicht an denselben Herrn glaubt wie Sie, wie eine unsichtbare Mauer zwischen Ihnen steht, und gerade unter diesem Gesichtspunkt ist es wichtig, dass Sie ihm zeigen: »Ich mache dir diese Tatsache nicht zum Vorwurf und ich beweise dir, wie sehr ich dich liebe, indem ich meinen Wunsch, körperlich mit dir zusammen zu sein, ganz deutlich zum Ausdruck bringe!« Männer freuen sich über die Initiative ihrer Frau im sexuellen Bereich genauso, wie sich Frauen über einen Blumenstrauß freuen.

Sie sollten auch kein schlechtes Gewissen dabei haben, auf sexuellem Gebiet zusammen mit Ihrem Mann Neues auszuprobieren. Solange Sie beide Freude daran haben und es im Rahmen des »unbefleckten Ehebetts«, das heißt innerhalb dieser monogamen Beziehung geschieht, können Sie auf sexuellem Gebiet tun und lassen, was Ihnen beiden gefällt. Denken Sie an Adam und Eva im Paradies: »Die beiden waren nackt, aber sie schämten sich nicht voreinander« (Gen 2,25).

Gottes Segen empfangen

Wie verändert sich eine Ehe, in der nicht beide Partner gläubig sind, wenn die Ehefrau versucht, die Beziehung zu ihrem Mann nach Gottes Willen zu gestalten? Die Frau wird eine tiefe, innere Befriedigung erfahren. Sie wird eine glückliche Ehefrau werden. Nach den

Worten des Apostels Petrus sind die Ehefrauen »dazu berufen, seinen [Gottes] Segen zu empfangen« (1 Petr 3,9). Welch eine herrliche Verheißung! »Segen zu empfangen« heißt nichts anderes, als von Gott gesegnet zu werden, von ihm mit Gutem überschüttet zu werden, in geistlicher und vielleicht auch materieller Hinsicht. Gott sieht Ihre Bemühungen um eine gute Ehe und er freut sich darüber! Was Sie aus Ihrer Ehe machen, hängt darum viel mehr von Gott ab, als von Ihrem Mann oder der Tatsache, dass dieser nicht gläubig ist.

Eine mit einem Nichtchristen verheiratete Frau sollte nie vergessen, dass sie die »Braut Christi« ist und dass der himmlische Bräutigam sie mit einer unendlichen und vollkommenen Liebe liebt. »Christus hat die Gemeinde geliebt«, heißt es im Epheserbrief, »und hat sein Leben für sie gegeben, um sie rein und heilig zu machen« (Eph 5,25-26a). Mit Gottes Hilfe wird Ihre Ehe – trotz der Tatsache, dass Ihr Mann nicht an Gott glaubt – zu einem Ebenbild der Beziehung zwischen Christus und seiner Gemeinde, einem Spiegel der göttlichen Gnade und Barmherzigkeit.

Anmerkungen:
[1]   Herbert J. Miles, *Sexual Happiness in Marriage.* Grand Rapids: Zondervan Publishing House, 1976.
[2]   Karen Burton Mains, *Key to a Loving Heart.* Elgin: David C. Cook, 1979.

Studienteil

1. Schlagen Sie die folgenden Bibelverse nach, die alle wichtige Aussagen zum Thema »Frieden« enthalten. Notieren Sie sich in ein oder zwei kurzen Sätzen, wie Sie die Inhalte in Ihrer Ehe anwenden können, um ein harmonisches Miteinander zu erreichen.
   a) Römer 12,18:

   _____

   _____

   b) Römer 14,19:

   _____

   _____

   c) Galater 5,22:

   _____

   _____

   d) Kolosser 3,15:

   _____

   _____

   e) 1. Thessalonicher 5,13:

   _____

   _____

2. Lesen Sie, was in den folgenden Bibelversen über das Vergelten von Bösem gesagt wird, und notieren Sie sich, welche Reaktion der Vers von Ihnen verlangt, wenn jemand gegen Sie sündigt:
   a) Leviticus 19,18:

   _____

   _____

   b) Matthäus 7,1-2:

   _____

   _____

c) Lukas 6,37:

_____

_____

d) Römer 12,17:

_____

_____

e) Kolosser 3,13:

_____

_____

f) 1. Thessalonicher 5,15:

_____

_____

3. Schlagen Sie nach, was folgende »Sprüche« über die richtige Art des Redens sagen, und beschreiben Sie in einem oder zwei Sätzen, wie Ihre Ehebeziehung durch die Anwendung dieses Prinzips verbessert werden könnte.
   a) Sprichwörter 15,1:

_____

_____

b) Sprichwörter 15,23:

_____

_____

c) Matthäus 12,34:

_____

_____

d) Kolosser 4,6:

_____

_____

e) Jakobus 1,26:

_____

_____

f) Jakobus 4,11:

_____

_____

Kapitel 5

»Nobody is perfect«

I n den vorangegangenen Kapiteln habe ich gezeigt, dass Gottes Wort eine ganze Reihe von Vorschlägen und Anweisungen enthält, wie man eine gute Ehe führen kann. Doch selbst wenn wir uns genau an diese biblische »Gebrauchsanweisung« halten, bedeutet dies nicht, dass unsere Ehen von diesem Zeitpunkt an völlig ohne Probleme wären. »Nobody is perfect!« Kein Mensch ist vollkommen und weil eine Ehe aus zwei Menschen besteht, kann auch keine Ehe vollkommen sein. Immer wieder gibt es Probleme, Verletzungen, Missverständnisse. In Ehen, die nur zur Hälfte christlich geführt werden, gibt es darüber hinaus Probleme, die in Ehen, in denen beide Partner gläubig sind, nicht auftauchen.

Und doch haben mir fast alle Frauen, die ich bei der Vorbereitung für dieses Buch befragte, bestätigt, dass auch eine Ehe, in der der Mann kein Christ ist, eine glückliche Ehe sein kann. Eine solche Ehe erfordert einiges an Zeit, Arbeit und Mühe, aber es kommt der Moment, in dem beide Partner ihr Zusammensein wirklich genießen können. Fast alle christlichen Frauen, die mit Nichtchristen verheiratet sind, haben mir bestätigt, dass sie – mit Gottes Hilfe und der Kraft des Heiligen Geistes – an einen Punkt gelangten, an dem sie sagen konnten: »Es ist herrlich, verheiratet zu sein!«

»Worin sehen Sie im Rückblick das größte Problem in Ihrer Ehe und welchen Rat zur Überwindung dieses Problems können Sie den Leserinnen meines Buches geben?«, fragte ich meine Freundinnen und Bekannten. »Sagen Sie Ihren Leserinnen vor allem, dass Eheglück auch in einer ungleichen Beziehung zwischen Christin und Nichtchrist möglich ist!«, war einhellig die wichtigste Auskunft, die ich erhielt. Gottes Gnade und Vergebung wurde in den Vordergrund gestellt, vor allem auch die Tatsache, dass »seine Vergebung größer ist als die Schuld, die ich damals auf mich geladen habe, als ich einen Nichtchristen heiratete«.

»Aber er ist doch kein Christ ...«

Das Allerwichtigste für eine Frau, die einen Nichtchristen geheiratet hat, besteht darin, dass sie aufhört, sich Vorwürfe zu machen. Bevor sie irgendein anderes Problem angehen kann, muss sie die Frage der Schuld gelöst haben! Florence erzählte mir: »Ich war mir sehr wohl der Tatsache bewusst, dass Gott auch ein strafender Gott ist. Ich machte mir insofern keine Illusionen über meinen Zustand. Aber es half ja nichts: Ich hatte zwar im Ungehorsam geheiratet, aber nun war ich verheiratet und es wäre eine viel schlimmere Sünde, meinen Mann zu verlassen. Ich wusste, dass ich ihn liebte, auch wenn er kein Christ ist; ich wusste, dass Gott mir vergeben hatte, und ich wusste, dass es seinem Willen entsprach, aus dieser Ehe das Beste zu machen.«

Wenn Gott straft, tut er dies grundsätzlich zu unserem Besten (vgl. Hebr 12,10). Es stimmt, dass es in der Bibel heißt, dass wir das ernten werden, was wir gesät haben, aber das bedeutet nicht, dass ein Erleiden der göttlichen Strafe – wie immer sie konkret aussehen mag – uns am geistlichen Wachstum hindert. Meine Freundin Florence sagte zu diesem Thema: »Ich glaube, ich bin durch die Trauer über diese Schuld mehr gewachsen als je zuvor. Gott hat die Situation benutzt, um mir klar zu zeigen, was Sünde in seinen Augen wirklich bedeutet und wie sehr er sie hasst. Ich glaube, dass ich auf diese Weise auch meinen ungläubigen Mann, der ja noch in der Sünde lebt, besser verstehen und besser für ihn beten kann!«

Einige der Frauen, die ich befragte, sind davon überzeugt, dass die Sorge für ihren nicht erretteten Ehepartner ein Teil der göttlichen Strafe für ihren Ungehorsam ist. Wenn Joyce spricht, merkt man, dass sie den Tränen nahe ist: »Wenn ich darüber nachdenke, dass Dan kein Verlangen nach Gott hat, dass ihn ›alles Religiöse‹, wie er es nennt, nicht im Geringsten interessiert, könnte ich schier verzweifeln. Und dabei hat er so viele Probleme und ich weiß, dass Gott nur darauf wartet, sie ihm abzunehmen.« Was Sara sagt, klingt ähnlich: »Ich wünsche meinem Mann so sehr, dass er die Liebe Gottes auch in seinem Herzen fühlt, und es tut mir sehr weh, wenn ich sehe, wie er sich Gott gegenüber verschließt.« Und was Barbara zum Ausdruck bringt, ist wohl repräsentativ für die meisten Ehefrauen nichtchristlicher Männer: »Meine Ehe ist nicht besonders gut und nicht besonders schlecht. Aber es fehlt ihr der Mittelpunkt. Es fehlt ihr der Faktor ›Gott‹.«

Polly ist eine junge Witwe, die nach dem Tod ihres ersten Mannes einen netten Kerl heiratete, von dem sie annahm, er sei Christ. Er war es nicht, wie sich später herausstellte. Traurig berichtete sie mir: »Ich fürchte, ich habe versucht, mich selbst zu bestrafen, als ich herausfand, dass Martin gar kein Christ war. Ich hatte nichts Böses im Sinn, als wir uns verlobten und später heirateten. Ich war es leid, allein zu leben, und suchte verzweifelt nach einem guten Vater für meine beiden kleinen Mädchen. Als sich dann herausstellte, dass der Glaube meines Mannes nur Fassade war, brach eine Welt für mich zusammen. Alles, was mir dann an Unglücken begegnete, interpretierte ich als Gottes Zorn, obwohl ich doch für das meiste selbst verantwortlich war.«

Anders erging es Jenny. Sie ist eine realistische junge Frau, die mit beiden Beinen im Leben steht, weit weniger sensibel als Joyce und Polly. »Nein, Schuldgefühle hatte ich eigentlich keine«, gab sie an. »Ich kannte damals Gottes Willen nicht und was man nicht kennt, dagegen kann man sich nicht versündigen. Als ich dann herausfand, dass ich einen Fehler gemacht hatte, habe ich Gott um Vergebung gebeten. Und nun verlasse ich mich darauf, dass Christus auch für diesen Fehler am Kreuz gestorben ist.«

Wenn ich auch die Aussagen der anderen Frauen verstehen kann; Jenny hat vollkommen Recht! Als Ehefrau eines Nichtchristen dürfen Sie sich unter keinen Umständen von der vergangenen Schuld einholen lassen. Gottes Wort sagt es in aller Deutlichkeit: »Vor dem Gericht Gottes gibt es also keine Verurteilung mehr für die, die mit Jesus Christus verbunden sind« (Röm 8,1).

Und wenn er in die Hölle kommt?

Der Alptraum jeder mit einem nichtgläubigen Partner verheirateten Frau besteht darin, miterleben zu müssen, wie ihr Mann stirbt, ohne Christus als persönlichen Herrn und Retter akzeptiert zu haben. »Dass Phil einmal auf ewig verloren sein könnte, ist für mich ein

Gedanke, der kaum zu ertragen ist«, berichtet Sharon. »Ich weiß, wer Gott ist, und ich habe auch erfahren, dass es einen Teufel gibt. Und wenn ich mir vorstelle, dass Phil für immer und ewig von Gott getrennt sein könnte, dass ich bei Gott im Himmel bin und er dann feststellen würde, dass Hölle und Teufel, an die er nie geglaubt hat, tatsächlich existieren, könnte ich fast verrückt werden!«

Ich glaube, dass es nur eine Möglichkeit gibt, mit diesem Alptraum fertig zu werden. Betrachten Sie die Sache im Licht der Bibel. Versuchen Sie herauszufinden, was die Bibel tatsächlich über Gott und den Himmel, den Tod und den Teufel und über die Ewigkeit mit Gott bzw. die Trennung von ihm aussagt. Lassen Sie uns die Fakten ansehen: Wenn Ihr Ehemann sich dazu entschließt, Christus wider besseres Wissen abzulehnen, liegt es in seiner Verantwortung, wenn er in die Hölle kommt, nicht in Ihrer und erst recht nicht in Gottes! Ihre ist es nicht, weil Gott es Ihnen untersagt hat, Ihrem Mann verbal Zeugnis zu geben. Gottes Verantwortung ist es deshalb nicht, weil er »nicht will, daß einige zugrunde gehen. Er möchte, daß alle Gelegenheit finden, von ihrem falschen Weg umzukehren« (2 Petr 3,9). Gott hat alles getan, was er tun konnte: Die Geburt Jesu und sein Tod am Kreuz und seine Auferstehung waren die größten Rettungsaktionen, die die Menschheit je erlebt hat.

Cecilia berichtete mir, dass ihr dieser Gedanke sehr hilfreich gewesen sei: »Als ich erkannte, dass nicht ich, sondern mein Mann für sein Seelenheil verantwortlich ist, und dass Gott nicht möchte, dass er die Ewigkeit ohne ihn verbringt, kam es mir vor, als hätte mir jemand eine zentnerschwere Last abgenommen. Jetzt versuche ich, das geistliche Schicksal meines Mannes in Gottes Händen zu lassen. Ich bin ganz beruhigt, weil ich weiß: Gott ist gerecht und er wird Jack so viele Gelegenheiten zur Umkehr geben, wie er braucht.«

Andererseits ist es wichtig, dass die Ehefrau eines Nichtchristen ihr Leben nicht nur darauf ausrichtet, dass der Mann eines Tages einmal zu Gott umkehrt. Eine Garantie dafür gibt es nicht. Es könnte tatsächlich sein, dass er stirbt, ohne jemals an Gott geglaubt zu haben. »Ich hoffe und bete, dass sich mein Mann bekehrt«, sagte mir Cindy, »aber ich muss mir doch der Möglichkeit bewusst sein, dass nicht jeder Mensch auf dieser Welt gerettet wird. Vielleicht gehört mein Mann ja doch zu denen, die verloren gehen.«

Doch selbst wenn dies so ist, sollte sich die Frau diese Tatsache nicht ständig vor Augen halten, denn auch dies wird die Ehe nachhaltig beeinflussen. Molly berichtete: »Manchmal gibt es zwischen Stephen und mir so richtig Zoff! Und das Komische ist, dass ich dann oft denke: ›Aha, typischer Fall von Nichtchrist!‹ Das heißt, ich sehe eine Auseinandersetzung nicht mehr sachlich, sondern nur noch unter dem Gesichtspunkt, dass die andere Seite meinen Glauben nicht teilt.«

So weit sollte es natürlich nicht kommen. Denn Unstimmigkeiten oder Meinungsverschiedenheiten gibt es, wie gesagt, auch unter christlichen Ehepartnern.

Nicht wenige Ehefrauen, die ich befragt habe, gaben mir gegenüber zu, sie wünschten sich eine Umkehr des Mannes »schon aus rein egoistischen Motiven. Ich hab's einfach satt, mir ständig seine unmoralischen Ansichten anhören zu müssen«, bekannte Shirley. »Manchmal bete ich nur noch: ›Rette ihn, Herr, damit ich überleben kann!‹« – »Was tun Sie dagegen?«, fragte ich Shirley. »Ich schütte meinen ganzen Ärger und Frust Gott vor die Füße«, antwortete sie. »Ich weine mich bei ihm aus, so lange, bis er mir die Last abnimmt und ich meinem Mann wieder normal begegnen kann. Ich bin mir sicher, es ist Jesus lieber, wenn ich bei ihm meinen Ärger loswerde, als wenn ich ihn an meinem Mann auslasse.«

Die Rolle des Familienvaters

Eines der größten Probleme, mit dem die Ehefrau eines Nichtchristen fertig werden muss, betrifft die Erziehung der Kinder. Den Kindern ist sehr wohl bewusst, dass die Eltern unterschiedliche Auffassungen haben, und sie entdecken vielleicht auch einen Unterschied in Fragen der Moral und der Lebensgestaltung. Was soll eine christliche Ehefrau tun, die das Verhalten ihres Mannes für sündig hält und unter keinen Umständen möchte, dass ihre Kinder es kopieren? Es ist immer eine Gratwanderung: Auf der einen Seite hat die Mutter die Pflicht, Sünde und Unmoral beim Namen zu nennen, und auf der anderen Seite muss sie alles daransetzen, die Autorität des Vaters nicht zu untergraben und ihn auch nicht in den Augen der Kinder lächerlich zu machen. Ich glaube jedoch, dass Kinder in der Lage sind, einen solchen Konflikt zu erkennen.

Widerstehen Sie bitte als Frau eines Nichtchristen auch der Versuchung, Ihre Kinder zu benutzen, um Ihren Mann zu »evangelisieren«. »Ich habe in dieser Beziehung schon oft Fehler gemacht«, gestand Karla. »Natürlich habe ich nicht von ihm verlangt, mit den Kindern zu beten, aber gelegentlich habe ich die Kinder mit ihren christlichen Bilderbüchern zu meinem Mann geschickt, damit er ihnen daraus vorliest. Aber die evangelistischen Hintergedanken, die ich dabei hatte, waren nicht richtig!«

Auch hier kann ich nur wieder betonen: Die Errettung Ihres Mannes ist nicht die Angelegenheit Ihrer Kinder und nicht Ihre Angelegenheit, sondern ganz allein Gottes Sache! Sie haben zwar die Pflicht, Ihren Teil dazu beizutragen, dass die Kinder christlich erzogen werden, aber Sie müssen unbedingt auf die Gefühle Ihres Mannes Rücksicht nehmen. Er darf unter keinen Umständen den Eindruck bekommen: »Jetzt habe ich nicht nur meine Frau, sondern auch noch die Kinder gegen mich.« Betreiben Sie darum lieber eine Politik der kleinen Schritte und der leisen Töne. Vermitteln Sie Ihren Kindern die biblischen Geschichten und christlichen Werte so, dass auch Ihr Mann damit einverstanden ist.

Isolation und Kompensation

Ein weiteres Problem in einer Ehe zwischen einer gläubigen Frau und einem Nichtchristen besteht darin, dass die Frau ein »geistliches Haupt« vermisst. Es stimmt zwar, dass Gott auch den ungläubigen Ehemann benutzen kann, um der Frau mit Rat und Tat zur Seite zu stehen, aber dies geschieht gewissermaßen indirekt, nämlich auf Grund der Tatsache, dass Gott allmächtig und allwirksam ist und nicht, wie es in einer christlichen Ehe üblich ist, weil der Mann vom selben Geist Gottes erfüllt ist wie die Frau. Auch wenn Gott keine Grenzen gesetzt sind, einen Ehemann für seine Zwecke zu gebrauchen, sind doch der geistlichen Kommunikation zwischen den Ehepartnern enge Grenzen gesetzt. Oftmals findet eine solche Kommunikation überhaupt nicht statt.

Terri bringt dieses Problem folgendermaßen zum Ausdruck: »Ich glaube, was mich in unserer Ehe am meisten stört, ist die Tatsache, dass ich das, was mir am wichtigsten ist, nicht mit dem Menschen teilen kann, den ich am meisten liebe. Natürlich erzähle ich Malcolm von Gebetserhörungen, aber Malcolm glaubt an ›merkwürdige Zufälle‹ und nicht an erhörte Gebete. Ich wünsche mir so sehr, dass der Tag kommt, an dem wir uns gemeinsam von Herzen freuen können über das, was Gott in unserem Leben getan hat.«

Geistlich gesehen ist die Frau eines Nichtchristen sehr allein. Natürlich stimmt es, dass der Heilige Geist, der versprochen hat, uns »anzuleiten, in der vollen Wahrheit zu leben« (Joh 16,13), bei ihr ist und in ihr wohnt, aber sie bräuchte eigentlich auch einen Menschen, der ihr sagt, was in den Augen Gottes richtig ist oder falsch. Es fehlt ihr jemand, mit dem sie über die sonntäglichen Predigten sprechen kann, und es fehlt ihr jemand, der ihre theologischen Ansichten beurteilt und – gegebenenfalls – auch kritisiert und korrigiert. Ein christlicher Ehemann tut (normalerweise) alles dafür, um seine Frau positiv zu beeinflussen; ein nichtchristlicher kann oft nicht umhin, seine Frau negativ zu beeinflussen.

»Im Vergleich zu anderen Frauen, die mit Nichtchristen verheiratet sind, habe ich es unheimlich gut!«, erzählt Beth. »Mein Mann toleriert meinen Glauben und respektiert meinen Lebensstil. Aber mir fehlt trotzdem etwas. Manchmal reicht es einfach nicht aus, nur moralische Unterstützung zu bekommen.« Viele Frauen nichtchristlicher Ehemänner sehen sich deshalb mit dem Problem der geistlichen Isolation konfrontiert. Selbst wenn sie noch so viele christliche Freunde haben: Zu Hause fühlen sie sich allein gelassen. Und selbst wenn der Ehemann sie gelegentlich in die Kirche begleitet, geschieht dies in den allerwenigsten Fällen, weil der Mann die Gemeinschaft mit Gott sucht, sondern doch eher, weil er seiner Frau einen Gefallen tun möchte.

Was tun? Ich sehe die Lösung für das Problem darin, dass eine Frau, die sich geistlich isoliert fühlt, versucht, die nötige Unterstützung von anderer Seite zu bekommen. Dabei muss sie sich darüber im Klaren sein, dass sie in erster Linie von Gott abhängig ist und es erst in zweiter Linie Menschen sind, die ihr helfen können. Der Ehemann fällt als geistlicher Leiter aus, weil er geistlich gesehen »tot« ist.

Die meisten Frauen, die sich in einer solchen Situation befinden, raten ihren »Leidensgenossinnen« dazu, sich um eine »Zweierschaft« zu bemühen, das heißt, eine gute Freundin zu suchen, mit der sie beten und der sie ihr Herz ausschütten können. Eine solche »geistliche Freundin« kann zusammen mit der Frau den Gottesdienst besuchen, mit ihr in der Bibel lesen, ihr helfen, sie zu verstehen, und ihr mit manch gutem Ratschlag dienen. Auch die Freundschaft mit einem anderen christlichen Ehepaar wäre von Vorteil, denn oft ist es gut, bei Fragen und Problemen, seien sie theologischer oder allgemeiner Natur, auch die »männliche Seite« zu hören. Jedoch sollte es die Frau eines Nichtchristen unter allen Umständen vermeiden, sich mit einem »Bruder in Christus« anzufreunden. Für den Ehemann ist der fremde »Bruder« vor allem Konkurrenz, ganz abgesehen davon, dass auch christliche Frauen nicht frei sind von den Versuchungen, die eine (auch noch so platonisch angelegte) Freundschaft mit einem anderen Mann mit sich bringen kann.

Ehefrauen, die schon auf viele Ehejahre mit einem nichtchristlichen Partner zurückblicken, haben mir übereinstimmend gesagt, dass es für Frauen in ihrer Situation ganz wichtig ist, mit ihren Männern etwas zusammen zu unternehmen und nicht ständig Gemeindeveranstaltungen zu besuchen. Adele erzählte mir: »Vor zwei Wochen hatte ich ein fürchterliches Tief. Die ganze Gemeinde war zum Picknick verabredet und einige wollten sogar über Nacht bleiben und zelten. Ich wäre so gerne mitgekommen, aber ich wusste ja, dass das Wochenende meinem Mann und den Kindern gehörte. Ich war schrecklich frustriert und habe dann Gott mein Herz ausgeschüttet und ihm gesagt, wie traurig ich darüber war, dass ich nicht mitkommen konnte. Und dann kam es mir vor, als wollte er mir sagen: ›Mach doch stattdessen einen Ausflug mit deiner Familie!‹ Ich fand den Gedanken großartig, suchte sofort Campingsachen und Kocher zusammen und bereitete alles vor. Als Joe nach Hause kam und ich ihm von der Idee erzählte, war er Feuer und Flamme. Und das Wochenende war einfach fantastisch! Wir fuhren an die Küste, fanden einen herrlichen Zeltplatz und ließen es uns zwei Tage lang gut gehen. Und das Schönste war: Ich fühlte mich Gott ganz nah, als ich die Wellen rauschen hörte und abends noch vor dem Zelt saß und in der Bibel las ...«

So kann sie aussehen, die Kompensation für die geistliche Leere, die viele Frauen empfinden. Ich glaube, Gott hat Freude daran, Ihnen eine Extraportion seiner Liebe zu geben, egal, in welcher Situation Sie sich befinden.

Sie haben einen guten Mann!

In den vorangegangenen Abschnitten habe ich dargestellt, dass die Tatsache, dass der Mann nicht gläubig ist, die Atmosphäre in einer Ehe beeinträchtigen kann. Das liegt vor allem auch daran, dass die Frau von einer Ehe mit einem Nichtchristen nicht das Maß an Freude und Befriedigung erwartet wie von einer ehelichen Beziehung zu einem anderen Christen.

Ich halte diese Einstellung für gefährlich, denn es ist eine altbekannte Tatsache, dass Menschen sehr schnell so werden, wie andere von ihnen denken. Wenn also eine Frau davon überzeugt ist, dass ihr Mann der »netteste Kerl auf der ganzen Welt« ist, und diese Erwartung ihm gegenüber auch zum Ausdruck bringt, wird der Mann sich Mühe geben, dieser Idealvorstellung gerecht zu werden. Wenn aber andererseits eine Ehefrau sich einredet, dass von ihrem Mann schon allein deshalb nichts Gutes zu erwarten ist, weil er kein Christ ist, wird es diesem Mann sehr schwer fallen, seiner Frau irgendetwas recht zu machen. Wahrscheinlich gibt er irgendwann auf und wird dann tatsächlich so, wie es seine Frau von vornherein erwartet hat.

Yvonne berichtete: »Es tut mir Leid, dies zugeben zu müssen, aber es war tatsächlich so, dass meine Liebe zu Randy und mein Respekt für ihn nach meiner Umkehr zunächst einmal abnahmen. Ich fühlte mich einfach besser als er. Ich war stolz darauf, ›Gott in meinem Leben zu haben‹ und damit etwas zu ›besitzen‹, das er nicht hatte. Das hat Randy sehr verletzt. Er fühlte sich zurückgewiesen und wusste noch nicht einmal, warum. Die Situation änderte sich erst, als ich eines Nachts nicht schlafen konnte und ständig über meine falsche Einstellung nachdachte. Ich bereute mein Verhalten und entschuldigte mich bei meinem Mann. Ich bat ihn um Vergebung für meinen geistlichen Snobismus und sagte ihm, dass ich ihn eigentlich jetzt noch viel lieber habe als vor meiner Entscheidung für Jesus.

Sagen Sie den Frauen von Nichtchristen vor allem, dass sie nicht schlecht von ihnen denken sollen, bloß weil sie nicht gläubig sind«, schloss Yvonne. »Die meisten Ehemänner sind zärtliche Liebhaber, vorbildliche Familienväter und tolle Kameraden. Sie verdienen unsere Liebe und unseren Respekt – völlig unabhängig von ihrem geistlichen Stand.«

Eifersüchtig auf Jesus?

Da die Beziehung eines Menschen zu Jesus Christus eine sehr persönliche Angelegenheit ist (die auch viel Zeit in Anspruch nimmt), kann es durchaus vorkommen, dass ein Ehemann eifersüchtig wird, wenn sich seine Frau zu Christus bekehrt. Eine Frau, die mit einem Nichtchristen verheiratet ist, sollte deshalb darauf achten, dass ihr Mann nicht den Eindruck bekommt, ihr neugefundener Glaube stehe in Konkurrenz zu ihrer Ehe. Vielleicht ist dies einer der Gründe, warum der Apostel Petrus es den Frauen verbietet zu versuchen, ihre Männer »durch das Wort« zu gewinnen. Worte werden von den Ehemännern häufig als »Anpredigen« gedeutet und es kommt alles darauf an, dass die Frau ihren Glauben so unaufdringlich wie möglich lebt.

Zu diesem Punkt ließ ich auch die betroffenen Ehemänner von christlichen Ehefrauen zu Wort kommen. Rob drückte es recht drastisch aus: »Es ist doch völlig klar, dass ich als Ehemann nicht die zweite Geige spielen will, und ob der Mitbewerber ein Mensch ist oder Gott, spielt dabei keine Rolle. Ich weiß nicht, wie Laula reagieren würde, wenn ich mit meinen Gedanken so viel bei einer anderen Frau wäre wie sie bei ihrem Gott!«

Bitte verstehen Sie eine solche Äußerung nicht falsch, sondern bedenken Sie, dass Ihr nicht wiedergeborener Ehemann Gott nicht verstehen kann und es deshalb für ihn gar nicht so abwegig ist, derartige Vergleiche zu ziehen. Die Frauen, mit denen ich sprach und die sich in einer ähnlichen Situation befanden, gaben mir diesbezüglich mehrere Tips:

Zunächst ist es ganz wichtig, dass sich die Frau eines Nichtchristen dem Problem stellt. Vielleicht ist es sogar so, dass sie sich der Eifersucht ihres Mannes eher bewusst ist als er selbst.

Zweitens sollte eine Ehefrau niemals die Bedürfnisse ihres Mannes vernachlässigen. Es stimmt zwar, dass Gott an erster Stelle steht, aber hinsichtlich der Besuche von Veranstaltungen in Ihrer Kirchengemeinde dürfen Sie ruhig ein wenig kürzer treten.

Drittens sollten Sie auf der Gefühlsebene darauf achten, dass Ihr Mann nicht den Eindruck hat, er rangiere nach Ihrer Umkehr nur noch unter »ferner liefen«. Verbringen Sie weiterhin viel Zeit mit ihm.

Viertens: »Zeit mit Gott« und »Zeit in der Gemeinde« sind zwei unterschiedliche Dinge, auch wenn dies gerne verwechselt wird. Wenn Ihr Mann tagsüber aus beruflichen Gründen abwesend ist, wäre es fünftens eine gute Idee, Ihr Bibelstudium und Ihre Gebete in diese Zeiten zu verlegen.

Hören wir dazu nochmals einen Betroffenen: »Ich hatte wirklich nichts dagegen, dass Laura zum Glauben an Gott gefunden hat«, erzählt Rob, »aber muss denn das ganze Leben auf einmal fromm werden? Und vor allem: Muss sie unbedingt in der Bibel lesen, wenn ich fernsehe, oder sich für ihre Gebetszeit auf ihr Zimmer verziehen, wenn ich mit ihr Scrabble spielen möchte, so wie wir es früher getan haben? Es tut mir Leid, aber seitdem sie fromm geworden ist, habe ich den Eindruck, ihr Jesus hat sich zwischen uns gestellt!«

Es ist sehr schade, dass gerade im Glauben junge Christinnen an diesem Punkt so wenig Verständnis für die Ängste ihrer Männer aufbringen. Oft fühlen sich diese Frauen geistlich bedroht oder haben den Eindruck, ihre Ehemänner wollten ihnen den Glauben verbieten. Aber das stimmt in den seltensten Fällen. Viel öfter ist es so, wie Rob es formulierte: Die Männer freuen sich über das neugefundene Glück ihrer Frauen und haben auch nichts dagegen, wenn sie den Kindern biblische Geschichten vorliest. Es stört sie nur, dass sie nicht mehr an erster Stelle stehen.

Wer kann ihnen das verdenken? Ich möchte Ihnen als Ehefrau eines ungläubigen Mannes darum Mut machen, zwar nicht Gott, aber doch die zahlreichen Veranstaltungen Ihrer Gemeinde hintanzustellen. Glaube ist, gerade für eine Frau in Ihrer Situation, zunächst einmal eine Sache des Herzens und nicht eine Sache von Kirchen- oder Gemeindeveranstaltungen!

»Ach, wenn er doch nur glauben könnte …«

Ich sprach es bereits in einem früheren Kapitel an: Viele Ehefrauen neigen dazu, eine christliche Ehe zu idealisieren. Sie träumen davon, wie schön es wäre, mit einem Christen verheiratet zu sein, und sehen gar nicht, dass es auch in solchen Ehen Probleme geben kann. Die Einstellung »Wenn er doch nur glauben könnte …« wird nur zu Streitigkeiten innerhalb Ihrer Ehe führen. Sie nützt weder Ihnen noch Ihrem Mann. »Ich habe mich immer wieder in Tagträumen verloren und darüber spekuliert, wie schön es doch wäre, wenn Larry zum Glauben käme. Aber das war grundfalsch. Gott möchte nicht, dass ich mich ständig um die Errettung meines Mannes sorge. Das ist Gottes Sache, nicht meine!«, sagte mir meine Freundin Bea.

Leider muss ich zugeben, dass einige Gemeinden hier noch Öl ins Feuer gießen. Ich meine damit, dass sie – wenn auch unterschwellig – der Frau eines nichtchristlichen Mannes den Eindruck vermitteln, sie habe es besonders schwer oder sei eine Christin zweiter Klasse. »Ich traue mich kaum, jemandem in der Gemeinde zu erzählen, dass Harald kein Christ ist«, seufzt Susanne. »Ich hab's mal getan, aber dann kam direkt dieser mitleidige Gesichtsausdruck oder ein säuselndes: ›Du Ärmste! Wir beten für dich!‹ Nein, nein, das behalte ich inzwischen für mich. Ich habe keine Lust, mir ständig Ungehorsam vorwerfen zu lassen, so als hätte ich absichtlich einen Nichtchristen geheiratet, und ich finde es auch nicht gut, wenn mich jemand auf diese Weise gegen meinen Mann aufbringt.«

Oft erzählen mir Ehefrauen nichtchristlicher Männer, dass sie es unfair finden, dass sich die meisten Gemeindeveranstaltungen vor allem um Familien, Singles und christliche Paare drehen. »Was gibt es nicht alles an Vorträgen und Seminaren!«, ereifert sich Marlene. »›Kindererziehung für Christen‹, ›Kommunikation für christliche Ehepaare‹, ›Die Aufgabe der christlichen Familie‹ … Alles ist ›für Christen‹ und alles macht mir den Vorwurf, dass meine Ehe nur zum Teil christlich ist!«

Betroffene Frauen sollten eines nicht vergessen: Wenn die christlichen Ehen und Familien so perfekt wären, wie sie annehmen, würden schließlich nicht so viele Vorträge gehalten und Bücher darüber geschrieben, wie man sie verbessern kann. Eine christliche Ehe ist durchaus noch nicht automatisch eine gute Ehe! Der Glaube ist kein Patentrezept für ein sorgenfreies Leben, sondern er bietet uns die Sicherheit, dass Gott auf unserer Seite steht und dass er uns auch dann nicht fallen lässt, wenn wir Fehler machen.

Wer hat das letzte Wort?

Ich erwähnte bereits, dass es für Gott kein Problem ist, auch einen ungläubigen Ehemann zu beeinflussen und als Ratgeber für die Frau einzusetzen. Auf keinen Fall sollte eine Ehefrau ihren Mann manipulieren und ihn auf subtile Art und Weise dazu bringen, ihren Willen zu tun. Es gibt kaum etwas Schlimmeres als eine Ehe, in der die Frau das »schlechte Gewissen« des Mannes ist. Die Frau sollte dem Mann zur Seite stehen und nicht sein Richter sein! Eine solche Einstellung würde jede Art der vernünftigen Kommunikation zunichte machen.

Ich muss in diesem Zusammenhang immer an Abraham und Sara denken. Gott erschien Abraham und versprach ihm, dass seine Nachkommen so zahlreich sein würden wie der Sand am Meer. Abraham glaubte Gott, und das, obwohl er kinderlos und über 90 Jahre alt war. Aber Sara war in dieser Hinsicht eine ungeduldige Frau. Sie verließ sich auf ihren Verstand und der sagte ihr ganz klar: Nach den Wechseljahren schwanger zu werden ist ein Ding der Unmöglichkeit! Und so griff sie persönlich ein: Sie überredete ihren Mann, mit ihrer Magd Hagar zu schlafen, um auf diese Weise ein Kind zu bekommen.

Statt »auf Gott zu vertrauen«, wie es die Bibel immer wieder vom Menschen verlangt, gab sie dem Schöpfer die Schuld an ihrer Unfruchtbarkeit: »Du siehst, der Herr hat mir keine Kinder geschenkt. Aber vielleicht kann ich durch meine Sklavin zu einem Sohn kommen. Ich überlasse sie dir.‹ Abram war einverstanden […]« (Gen 6,2).

Abraham gehorchte seiner Frau! Der Einfluss einer Frau auf ihren Mann sollte niemals unterschätzt werden und er kann sich sowohl positiv als auch negativ auswirken.

Wie die Folgen dieser weiblichen Taktik aussahen, ist bekannt. Als das Kind von Hagar geboren wurde, war Sara so eifersüchtig auf ihre Magd, dass ihr allein ihr Anblick zuwider war. Und wem gab Sara die Schuld an der ganzen Misere? Abraham! Der Mann musste ein zweites Mal seiner Frau gehorchen: Er schickte die Magd zusammen mit dem kleinen Kind in die Wüste, wo sie mit Sicherheit umgekommen wären, wenn nicht Gott auf übernatürliche Weise für beide gesorgt hätte.

Abraham gehorchte der Stimme Saras. Das Resultat dieses Gehorsams hat weitreichende Folgen bis in die heutige Zeit! Aus dem unehelichen Sohn entstand das arabische Volk und noch heute, viele tausend Jahre später, leiden wir an den Folgen der Feindschaft zwischen Juden und Arabern. Abraham war der Erzvater der Juden und Ismael der Vorfahre der Araber, ein Mann, von dem die Bibel sagt: »Ein Mensch wie ein Wildesel wird er sein, im Streit mit allen und von allen bekämpft; seinen Brüdern setzt er sich vors Gesicht« (Gen 16,12). All dies wäre uns – jedenfalls nach menschlicher Logik – erspart geblieben, wenn Abraham damals nicht auf seine Frau gehört hätte.

Wie aber kann ein positiver und gottgefälliger Einfluss einer Frau auf ihren Mann aussehen? Ich finde, er zeigt sich vor allem darin, dass eine gute »Gehilfin« für ihren Mann betet! Ebenso kann ein vorbildliches Verhalten in moralischer Hinsicht den Mann positiv beeinflussen. Sie sollte es jedoch vermeiden, so zu tun, als sei sie besser oder als wüsste sie von vornherein, was gut ist und dem Willen Gottes entspricht. Sie sollte sich vielmehr darauf verlassen, dass Gott sie und ihren Mann durch seinen Heiligen Geist auf dem richtigen Weg führen wird.

Meine Freundin Jenny bemerkte zu diesem Thema einmal: »Vielleicht ist es für die Entscheidungen im Alltag gar nicht so wichtig, ob Gary gläubig ist oder nicht. Ich jedenfalls konzentriere mich lieber darauf, dass ich gläubig bin und mir Gott durch seinen Geist klar machen wird, was er von mir erwartet. Wenn ich für seine Leitung sensibel bleibe, werde ich schon merken, wann ich nachgeben darf und wann ich hart bleiben muss.«

Andere Frauen, die ich befragte, sagten Ähnliches. Sie wiesen zusätzlich darauf hin, dass Gott sogar durch ihren nichtchristlichen Ehemann zu einer Frau sprechen kann. Hier besteht jedoch die Gefahr, dass die betroffene Ehefrau nicht erkennt, dass es eigentlich

Gott ist, der zu ihr spricht. Doch wenn eine Frau darum betet, dass Gott sie führt – auch durch ihren ungläubigen Mann –, wird Gott dieses Gebet erhören, ihr Herz aufnahmebereit machen und sie für das vorbereiten, was ihr Mann ihr zu sagen hat.

In der Diskussion mit dem ungläubigen Ehepartner ist es zudem sehr wichtig, sich um Sachlichkeit zu bemühen und nicht ständig alles zu »vergeistlichen«. Sagen Sie Ihrem Ehemann, was Sie denken und warum Sie so denken. Bleiben Sie bei den Fakten und vermeiden Sie den Ausdruck »Gott hat mir gesagt …« Dies ist für einen Nichtchristen kein schlagendes Argument.

Falls der Mann eine abweichende Meinung vertritt, ist es durchaus erlaubt, dieser zu widersprechen, solange die Frau es in einem nichtaggressiven Tonfall tut und die Person ihres Mannes nicht angreift. Suchen Sie doch gemeinsam nach der besten Lösung! Nehmen Sie Bleistift und Papier zur Hand, fertigen Sie eine »Pro und Kontra«-Liste an und führen Sie ein Brainstorming nach Alternativen durch.

Wichtig ist die innere Einstellung. Eine Frau sollte in jeder Diskussion besonnen und sachlich bleiben. Sie darf um ihr Recht kämpfen, aber nicht »mit den Waffen einer Frau«. Sie darf Recht bekommen und Recht behalten, sollte sich jedoch immer davor hüten, rechthaberisch zu sein.

Und was geschieht, wenn man trotz großer Mühe zu keinem Ergebnis kommt und eine Entscheidung trotzdem getroffen werden muss? Für diesen Fall legt die Bibel fest, dass der Mann das letzte Wort hat. Eine Frau sollte in diesem Fall, so schwer es ihr auch fällt, nicht »schmollen« oder zähneknirschend zustimmen, sondern ganz ruhig bleiben und das Ergebnis Gott überlassen. Sandy erzählte mir, welche Erfahrungen sie mit einer solchen Haltung gemacht hat: »Wir brauchten dringend einen neuen Wagen und ich wollte unbedingt einen Kombi haben. Vor meinem inneren Auge sah ich unsere beiden Teenager, die Urlaubsfahrten mit zehn Koffern und einem Hund und konnte mich absolut nicht mit dem Gedanken an einen Kleinwagen anfreunden, den Ken kaufen wollte. Aber er blieb hart. Wenigstens gab er insofern nach, als er darauf achtete, dass die Jungen hinten genug Platz zum Sitzen hatten. Als wir dann den Wagen ein paar Monate besaßen und ausgerechnet hatten, wie wenig Benzin er verbrauchte, dämmerte mir langsam, dass Kens Entscheidung vielleicht doch richtig war. Jedenfalls hat sie uns Hunderte von Dollar erspart. Heute bin ich selbst stolze Besitzerin eines Kleinwagens und die Kinder fahren so selten mit, dass sich dafür ein Kombi wirklich nicht gelohnt hätte.«

Sie sehen: Gott kann die Entscheidung eines Mannes, die Ihnen zunächst vielleicht unsinnig vorkommen mag, doch zu Ihrem gemeinsamen Besten benutzen!

Rollentausch

Es gab noch einige weitere Tips, die mir meine »Expertinnen« mitgaben und die ich Ihnen nicht vorenthalten möchte. »Immer wieder«, so sagten mir eine ganze Reihe betroffener Frauen, »kommt es vor, dass die Frau eines ungläubigen Ehemannes meint, sich ›im Namen Jesu‹ Dinge leisten zu können, die absolut unbiblisch sind. Viele Frauen glauben, sie hätten ein Recht darauf, ihren Glauben den Ehemännern und Familien einfach überzustülpen. Doch dieses Recht hat Gott uns nicht gegeben«, betont Kirsten. »Woher will eine Frau wissen, dass sie nur deshalb Recht hat, weil sie gläubig ist? Eine solche Einstellung ist doch naiv!« Es stimmt: Wir sollten als Ehefrauen von Nichtchristen nicht ständig versuchen, diesen »in Gottes Namen« unseren Willen aufzuzwingen.

Es gibt vier Hauptbereiche, in denen die Frau in einer »gemischten« Ehe Gefahr läuft, ihrem Mann den vermeintlichen Willen Gottes aufzuzwingen. Den ersten sprach ich bereits an: den Bereich der *Entscheidungsfindung.* Frauen sollten der Versuchung widerstehen, immer das letzte Wort haben zu wollen, denn sie haben nicht nur deshalb automatisch Recht, weil sie Christinnen sind!

Ein zweiter Bereich, der von Betroffenen oft angesprochen wurde, betraf den Bereich *Planung und Initiative.* Sehr oft ist in einer Familie die Frau diejenige, die Besuche, Freizeitaktivitäten und sonstige Veranstaltungen organisiert und ihren Mann dann oft nur noch »informiert«, um nicht zu sagen: vor vollendete Tatsachen stellt. Wenn dies eine abgesprochene Arbeitsteilung ist, die der Mann mitträgt, ist dagegen auch nichts einzuwenden. Eine gläubige Ehefrau, die mit einem Nichtchristen verheiratet ist, läuft jedoch Gefahr, seine Interessen zu übergehen und eine mehr christliche Atmosphäre zu schaffen. Sagen Sie als Frau darum lieber einmal zu oft als zu wenig: »Ich muss noch mit meinem Mann darüber sprechen.«

Vielleicht sollten Sie als Frau eines Nichtchristen auch einmal überlegen, ob Gott Ihnen nicht die Aufgabe gegeben hat, den nicht-christlichen Freunden (die ja im übrigen sehr nette Menschen sein können) zu dienen. Wer sollte sie denn mit der Liebe Gottes und der Wahrheit seines Wortes erreichen, wenn nicht Sie? Damit meine ich nicht, dass diese Menschen nun zu Ihrem bevorzugten »Missions-objekt« werden sollen, sondern zu Freunden, die in den Genuss Ihrer Gastfreundschaft kommen.

Des weiteren sprachen die betreffenden Frauen den Bereich der *Kindererziehung* an, insbesondere die Frage nach der Strafe für kind-liches Fehlverhalten. Wenn sich eine Frau für Gott entscheidet und versucht, zunächst ihr eigenes Leben und anschließend die Erzie-hung ihrer Kinder nach biblischen Maßstäben zu gestalten, führt dies häufig zu Konflikten mit ihrem Mann. Marlene erzählte mir: »Bevor ich mich bekehrte, sind wir oft in eine Kneipe gegangen und die Jun-gen bekamen manchmal auch einen Schluck Bier. Irgendwann hatte ich den Eindruck, dies sei nicht richtig, aber ich traute mich nicht, Max das zu sagen. Als er dann unseren Jüngsten einmal an seinem Whiskeyglass nippen ließ, bin ich explodiert. Ich habe mich fürch-terlich benommen, ihm vorgeworfen, dass er unsere Kinder vergif-ten wolle und dass die Abgabe von Alkoholika an Minderjährige eine Gesetzesübertretung sei und noch vieles andere mehr.«

Ihr Mann, so berichtete Marlene, sei zunächst völlig verwirrt ge-wesen, weniger durch das, *was* sie gesagt habe, als durch die Art und Weise, *wie* sie es gesagt hatte. »Nachdem ich mich dann etwas beru-higt hatte, haben wir in Ruhe darüber gesprochen«, fuhr sie fort. »Ich habe ihm ganz ruhig erklärt, dass ich nach meiner Umkehr einiges anders sehe als früher und dass es mir sehr wichtig ist, unsere Kin-der vor den Gefahren des Alkoholismus zu schützen. Als ich dann erwähnte, wir müssten doch ein Vorbild sein und dass Alkoholismus schon auf manchen Schulen ein Problem sei, war er ganz betroffen und meinte: ›Ich glaube, du hast Recht. Ich muss noch einmal in Ruhe darüber nachdenken.‹«

Die Ehefrau eines Ungläubigen sollte nicht versuchen, Mutter und Vater in einer Person zu sein. Sie sollte sich lediglich bemühen, die bestmögliche Mutter zu sein. Wenn sie Fragen hat hinsichtlich der Erziehung der Kinder, sollte sie sowohl ihren Mann als auch Gott fragen und in der Bibel lesen. Zusammen mit dem Ehemann sollte die Frau einen Plan aufstellen, welche Erziehungsziele sie sich als Ehepaar vorstellen und wie diese Ziele im Leben der Kinder verwirklicht werden können.

Kinder sind sehr, sehr sensible Wesen und sie merken es sofort, wenn es Unstimmigkeiten zwischen ihren Eltern gibt. Sie merken es, möchte ich behaupten, gelegentlich sogar noch eher als die Eltern selbst. Und sie sind Experten darin, die Mutter gegen den Vater auszuspielen und je nachdem diejenige Person zu fragen, die ihnen am ehesten das gibt oder erlaubt, was sie haben möchten. Wenn Sie Ihrem nichtgläubigen Mann jedoch von vornherein zeigen, dass Sie seine Ansichten über Erziehung respektieren, stärken Sie seine Position in der Familie und können ein solches Verhalten der Kinder vermeiden.

Schließlich sprachen die betroffenen Frauen nichtchristlicher Ehemänner noch den Bereich der *Finanzen* an. Wie oft kommt es vor, dass eine »fromm gewordene« Ehefrau mehr Geld in »fromme Dinge« investiert, als ihrem Ehemann lieb ist. Sie kauft Bücher über das »Leben als Christ«, CDs und Cassetten mit Vorträgen oder geistlicher Musik, gibt reichlich Kollekte und besucht hin und wieder Seminare und Tagungen, die ebenfalls nicht kostenlos sind. In der Bibel findet sich meines Wissens keine Aussage darüber, ob die Frau oder der Mann die Finanzen in einer Familie verwalten soll. Die Frage ist also nicht, wer Buch führt, sondern ob die Sache eine gemeinsame Angelegenheit ist oder nicht. Wie in allen anderen Bereichen, so gilt auch hier: Die Frau darf nicht hinter dem Rücken des Mannes agieren.

Jodi tat dies zum Beispiel, wenn auch aus bester Absicht. Statt mit Michael darüber zu sprechen, wie viel Geld sie ihrer Kirchengemeinde spenden und wie viel sie sonntags in die Kollekte geben sollte, hatte sie ihre eigene Methode entwickelt: Sie nahm das Geld von ihrem Haushaltsgeld, kochte dafür etwas einfacher und rundete bei der Abrechnung die Zahlen ein wenig auf. »Eines Tages«, so erzählte sie, »fragte mich mein Mann: ›Sag mal, wie ist das eigentlich in dieser Kirchengemeinde, wo du neuerdings so oft hingehst? Von was leben die eigentlich? Ich finde, dass du ihnen auch Geld geben solltest, wenn du schon regelmäßig hingehst. Schließlich profitierst du von ihren Veranstaltungen!‹ Du kannst dir vorstellen, wie peinlich mir das war! Ich wurde knallrot und wäre am liebsten im Boden versunken. Doch dann kamen mir die Tränen und ich erzählte meinem Mann, dass ich seit Monaten Geld aus der Haushaltskasse für diesen Zweck abgezweigt hatte.«

Das Beispiel zeigt einmal mehr: Nichtchristliche Ehemänner sind in den allermeisten Fällen sehr menschlich und haben Verständnis für ihre Frauen und auch für kirchliche Belange. Keinesfalls darf deshalb eine Frau darauf verfallen, »für einen guten Zweck« die Bücher zu schönen oder gar die Unwahrheit zu sagen. Ein solches Verhalten gefällt Gott nicht und er wird sich auch nicht dazu bekennen.

»Nobody is perfect«, schrieb ich zu Beginn dieses Kapitels und wir sahen, dass gerade die junge Christin sehr vielen Versuchungen ausgesetzt ist und viele Fehler macht. Sie wird aber in der Ehe »ihre Frau stehen«, wenn sie sich darauf konzentriert (und darüber freut), dass sie gerettet ist, und sich nicht ständig um das geistliche Wohlergehen ihres Mannes sorgt. Kommunikation ist das A und O! Reden Sie mit Ihrem Mann! Sie werden sich wundern, wie gut er Sie versteht oder zumindest doch zu verstehen versucht. Beziehen Sie ihn in Ihr Leben mit ein und sorgen Sie dafür, dass er nicht eifersüchtig auf Jesus wird, der Ihnen persönlich so viel bedeutet. Machen Sie Ihre Ehe und Ihre Familie zur Priorität und ziehen Sie nicht die Gemeinde und ihre Veranstaltungen den familiären Aktivitäten vor. Zwingen Sie Ihrem Mann und Ihrer Familie nichts auf, sondern bleiben Sie ein Team. Ihre Ehe wird dann zwar nicht perfekt werden, aber von Tag zu Tag schöner.

Studienteil

1. Bitte lesen Sie die folgende »Negativliste« aufmerksam durch
und überprüfen Sie, inwieweit Sie die dort angeführten schlechten inneren Einstellungen bereits abgelegt haben. In welchen
Bereichen können Sie sich von Ihrem negativen Denken lösen
und in welchen noch nicht? (Als Optimistin sollten Sie diese
Fragen nicht mit Kugelschreiber, sondern mit Bleistift beantworten, so dass Sie nach einem halben Jahr Ihre Antworten bequem
ausradieren können, um Ihre Fortschritte zu dokumentieren!

	immer	meist	oft	selten	nie
a) Ich habe Schuldgefühle, weil mein Mann kein Christ ist.					
b) Ich konzentriere mich auf die Tatsache, dass mein Mann kein Christ ist.					
c) Ich erwarte von ihm, dass er den geistlichen Aspekt meines Lebens akzeptiert.					
d) Ich bin der Ansicht, unsere Ehe wäre besser, wenn mein Mann Christ wäre.					
e) Ich glaube, mein Mann ist eifersüchtig auf die Beziehung, die ich zu Gott habe.					
f) Die Frage nach dem sonntäglichen Gottesdienstbesuch ist ein Problem in unserer Ehe.					

	immer	meist	oft	selten	nie
g) Ich habe den Eindruck, dass Gott zwischen mir und meinem Mann steht.					
h) Es ist mein größter Wunschtraum, dass mein Mann zum Glauben findet.					
i) Ich versuche, Einfluss darauf zu nehmen, mit welchen Freunden und Bekannten sich mein Mann trifft und was er in seiner Freizeit unternimmt.					
j) Ich habe Methoden entwickelt, um meinen Mann dazu zu bringen, das zu tun, was ich möchte.					

2. Haben Sie die Vorschläge aus dem vorangegangenen Kapitel bereits verwirklicht? Bewerten Sie sich ganz ehrlich!

	nie	selten	oft	meist	immer
a) Es gelingt mir, die geistliche Zukunft meines Mannes allein Gott zu überlassen.					
b) Bei der Kindererziehung arbeite ich mit meinem Mann zusammen.					
c) Ich bin stolz auf ihn als Vater.					

	nie	selten	oft	meist	immer
d) Mein Mann und ich haben dieselben Auffassungen über die Erziehung unserer Kinder.					
e) Ich habe eine Freundin, der ich voll vertraue und die mit mir und für uns) betet.					
f) Mein Mann und ich unternehmen gern etwas zusammen.					
g) Ich vertraue darauf, dass Gott mich auch durch den Rat meines Mannes führt.					
h) Mein Mann und ich setzen uns auf faire Weise auseinander, wenn wir in Fragen unterschiedlicher Meinung sind.					
i) Ich respektiere seine Ansichten, auch wenn ich sie nicht teile.					
j) Ich lege ihm meine Finanzen offen und verheimliche ihm hier nichts.					

3. Legen Sie ein Tagebuch an und schreiben Sie Gott einen Brief über die Probleme in Ihrer Ehe. Sagen Sie ihm ganz offen, was Sie empfinden und warum Sie sich so fühlen, wie Sie sich fühlen. Geben Sie dann diese ganzen Dinge an ihn ab und beten Sie um Heilung für Ihre Ehe (das Gebet um Heilung sollten Sie separat aufbewahren und nach einiger Zeit noch einmal lesen).

Kapitel 6

Geistliche Verantwortung tragen

Wie wir in den vorangegangenen Kapiteln gesehen haben, bestehen die Aufgabe und Verantwortung der Ehefrau eines Nichtchristen darin, ihrem Partner eine Gehilfin zu sein, mit ihm zusammen die Sexualität zu genießen, ihm eine Ratgeberin zu sein und sich als seine »beste Freundin« zu erweisen. In diesen vier Bereichen unterscheidet sich die Rolle einer Frau, die mit einem Nichtchristen verheiratet ist, nicht im Geringsten von der Aufgabe einer Ehefrau eines Christen. Anders sieht es bei der gemeinsamen Kindererziehung aus. Die Frau des Nichtchristen trägt die Verantwortung dafür, dass ihre Kinder – genauso wie sie selbst – »geistliche Nahrung« bekommen.

In einer christlichen Ehe trägt der Mann die Verantwortung für das geistliche Wohlergehen seiner Frau und seiner Familie: »Ihr Männer, liebt eure Frauen so, wie Christus die Gemeinde geliebt hat! Er hat sein Leben für sie gegeben, um sie rein und heilig zu machen [...]« (Eph 5,25-26). Dass dies für einen Ehemann, der nicht an Gott glaubt, nicht zutrifft, liegt auf der Hand. Dasselbe gilt für die biblische Forderung: »Ihr Väter, behandelt eure Kinder nicht so, daß sie widerspenstig werden! Erzieht sie mit Wort und Tat so, wie es dem Herrn gemäß ist« (Eph 6,4). Die mit einem Nichtchristen veheiratete Frau hat beide Aufgaben zu erfüllen: die, für ihr eigenes geistliches Wachstum zu sorgen, und die, ihre Kinder im Sinne der biblischen Gebote zu erziehen.

Nun hat gewöhnlich jeder Vater, sei er gläubig oder nicht, hohe Maßstäbe für die Erziehung seiner Kinder. Wer wollte nicht, dass die Kinder sich zu Persönlichkeiten entwickelten, die Respekt und Achtung vor anderen haben, die nicht stehlen, lügen oder ehebrechen, die freundlich sind? Es gibt allerdings auch Fälle, in denen die Väter derart von weltlichen Verhaltensweisen geprägt sind – und noch nicht einmal wissen, dass sie dem Kind schaden.

Kim erzählte mir: »Mein Mann meint es zwar gut, aber ich kann es absolut nicht gutheißen, wie er mit unserer Tochter umgeht. Sie ist kaum sechzehn Jahre alt und er besteht darauf, dass sie die Pille nimmt, für alle Fälle, wie er sagt.«

Monika berichtete Ähnliches: »Greg hat im Hinblick auf das Rauchen und Trinken sehr unorthodoxe Ansichten. Er hält viel von ›Abschreckung und Kontrolle‹, wie er das nennt, was im Klartext bedeutet, dass er unseren Jungen Zigaretten gibt und ihnen erlaubt, sie in den eigenen vier Wänden zu rauchen. ›Besser sie tun's hier als in der Disco!‹, sagt er. Dasselbe gilt für das Trinken. ›Nimm ruhig einen guten Schluck!‹, meinte er neulich und reichte Peter das Bierglas. Als dieser sich fast übergab, meinte mein Mann grinsend: ›Ziel erreicht!‹«

Wie soll sich eine Frau in solchen und ähnlichen Situationen verhalten – Situationen, in denen es darauf ankommt, einerseits den eigenen Mann nicht vor den Kopf zu stoßen, und andererseits den Kindern Maßstäbe und Verhaltensweisen beizubringen, die der Bibel nicht widersprechen?

Seine Kinder oder meine Kinder?

Es gibt gewisse Dinge, die Gott von allen Eltern verlangt, Gebote, für deren Durchführung sich in einer »gemischten Ehe« die christliche Mutter einsetzen muss. Es fällt in einer solchen Ehe der Mutter gewissermaßen eine »Wächterfunktion« zu; das heißt, es muss nicht notwendigerweise die Mutter persönlich diejenige sein, die die Gebote durchsetzt; sie sollte aber sehr wohl darauf achten, dass es jemanden gibt, der sie durchsetzt.

Eines der göttlichen Gebote betrifft die Erziehung und die Erziehungsmaßnahmen. Was ist darunter zu verstehen? Das Kind bedarf einer gewissen *Steuerung* von außen. Es muss wissen, was richtig und was falsch ist, wie es sich in Entscheidungssituationen zu verhalten hat und welche Konsequenzen es hat, wenn es eine von den Eltern gesetzte Grenze willentlich übertritt. In der Bibel lesen wir, dass es durchaus angebracht ist, Kindern Grenzen zu setzen und, wenn nötig, diese durch angemessene Sanktionen erfahrbar zu machen (Lesen Sie dazu ruhig einmal Sprichwörter, Kapitel 22, Vers 15). Dabei sollte es jedoch immer um das Wohl des Kindes gehen. Die Eltern sollten in einer liebevollen, vorbildlichen Haltung dem Kind zeigen, wie man richtig lebt. Keinesfalls dürfen sie nach ihrem eigenen Gutdünken mit den Kindern verfahren. Der Apostel Paulus mahnt die Mitglieder zweier Gemeinden: »Ihr Väter, behandelt eure Kinder nicht so, daß sie widerspenstig werden!« (Eph 6,4). »Ihr Väter, behandelt eure Kinder nicht zu streng, damit sie nicht entmutigt werden!« (Kol 3,21).

Es wird auch in einer »gemischten« Ehe darauf ankommen, dass die christliche Mutter versucht, durch ihre Erziehung die Kinder zu selbstbewussten, reifen Persönlichkeiten zu formen, die sich darum bemühen, in ihrem Leben den Willen Gottes zu erfüllen. Schreien und Meckern haben in einer solchen Erziehung keinen Platz, sondern erreichen eher das Gegenteil. Auch wenn der Ehemann vielleicht die Kinder gelegentlich anbrüllt; die christliche Mutter sollte so etwas niemals tun.

Eine weitere Aufgabe der Mutter ist es, die Kinder *zu unterweisen*, sie »die Wege Gottes zu lehren«, wie es die Bibel ausdrückt: »Prägt sie euren Kindern ein, und sagt sie euch immer wieder vor – zu Hause und auf Reisen, wenn ihr euch schlafen legt und wenn ihr erwacht« (Dtn 6,7). Wer sollte sonst für die christliche Unterweisung der Kinder zuständig sein, wenn nicht die gläubige Mutter?

Schwierig wird für eine Mutter diese Aufgabe dann, wenn der Ehemann gegen eine »religiöse Indoktrination« Opposition bezieht. Frauen in solchen Situationen haben mir geraten, die christliche Unterweisung ihrer Kinder in Zeiten zu verlegen, in denen der Ehemann nicht anwesend ist. Meine Freundin Bonnie sagte mir zu diesem Thema: »Schließlich habe ich Gwen und Glen acht, manchmal sogar zehn Stunden für mich alleine. Ich kann ihnen in dieser Zeit, wenn mein Mann auf der Arbeit ist, biblische Geschichten vorlesen, Verse mit ihnen lernen und mit ihnen zusammen beten. Mir ist das lieber, als einen Familienkrach zu riskieren!« Bonnie hat Recht. Es kommt nicht darauf an, *wann* Sie als christliche Mutter Ihre Kinder religiös unterweisen, sondern *dass* Sie es tun!

Dazu gehört auch, dass Sie dafür sorgen, dass Ihre Kinder Kontakt mit anderen christlichen Kindern haben. Die meisten Ehefrauen nichtchristlicher Männer, die ich befragte, sagten mir: »Ich bestehe einfach darauf, dass ich sonntags in den Gottesdienst gehe und die Kinder mitkommen«, und es gab kaum einen Ehemann, der etwas dagegen hatte. Auch hier gilt: Wann eine christliche Mutter mit ihren Kindern die Gemeinschaft sucht, spielt keine große Rolle, solange sie es nur tut. Es wird auch den Kindern gut tun, christliche Freunde zu finden und in der Gemeinde Kontakte zu knüpfen.

Oft ist es sogar so, dass eine christliche Erziehung den Kindern ein viel größeres Verständnis für ihren Vater gibt. Fanny erzählte mir: »Seitdem die Kinder in die Sonntagsschule gehen und wirklich verstanden haben, was Christsein bedeutet, ärgern sie sich längst nicht mehr so viel über ihren Vater. Sie wissen jetzt, dass er geistliche Zusammenhänge gar nicht verstehen kann, weil er Jesus noch nicht in seinem Herzen hat. Außerdem beten sie jetzt verstärkt für ihren Vater.«

Der Kampf am Sonntagmorgen

Eine christliche Mutter ist jedoch nicht nur für das geistliche Wohlergehen und Wachstum ihrer Kinder verantwortlich, sondern auch für ihr eigenes. Auch die Mutter ist aufgefordert, den Gemeindeversammlungen nicht fernzubleiben (vgl. Hebr 10,25) und dafür zu sorgen, dass auch sie Ermutigung und Ermahnung von anderen Gläubigen bekommt. Oft kann dies in Zeiten geschehen, in denen der Mann arbeitet. Wie sieht es aber mit dem sonntäglichen Gottesdienst, einem Streitpunkt in vielen Familien, aus? Immer wieder wurde mir gesagt, dass ungläubige Ehemänner es nicht mögen, wenn »das schöne Wochenende« durch den sonntäglichen Gottesdienstbesuch unterbrochen wird. »Lois tut gerade so, als würde sie vom Schlag getroffen, wenn sie mal den Gottesdienst schwänzt«, regte sich ein Ehemann mir gegenüber auf. »Ich würde am Wochenende so gerne etwas unternehmen, mal zelten fahren oder Verwandte besuchen, aber meine Frau wird jedesmal nervös, wenn es um den Sonntagvormittag geht.«

Ich bin der Ansicht, dass Lois sich das Leben unnötig schwer macht. Erinnern Sie sich noch daran, was ich über die Gefahr sagte, dass ein Ehemann eifersüchtig auf Jesus wird? Wenn sich eine Frau derart kompromisslos verhält, schürt sie Eifersucht, statt sie zu vermeiden. Welche Botschaft vermittelt sie ihrem Ehemann? Wahrscheinlich: »Die Kirche ist wichtiger als die eigene Familie!« Ich würde Frauen ungläubiger Männer hier etwas mehr Kompromissbereitschaft empfehlen. Eines sollte Ihnen von vornherein klar sein: Sie gehören Gott und nicht der Kirche! Wenn Sie also nicht an allen Gemeindeveranstaltungen teilnehmen, heißt das noch lange nicht, dass Sie Gott gegenüber unloyal sind. Geben Sie nach, wenn Ihr Mann wirklich darauf besteht, dass Sie das Wochenende für ihn und die Familie reservieren. »Was soll's?«, meinte Martha. »Ich gehe stattdessen eben zur Bibelstunde am Mittwoch. Dort habe ich auch Gemeinschaft mit anderen Christen. Die Predigt höre ich mir während der Woche auf Cassette an, zum Beispiel beim Bügeln. Außerdem treffe ich mich mit meinen Freundinnen, so oft ich kann. Dafür haben mein Mann und ich dann den Samstag und Sonntag ganz für uns.« Natürlich sollte jeder Christ die Gemeinschaft anderer Christen suchen. Freiheit besteht jedoch hinsichtlich der Frage, wo und wie oft das zu geschehen hat. Hier sollten Sie sich unbedingt von jeder Art der Gesetzlichkeit frei machen. Rose erzählte mir: »Mir fiel ein Stein vom Herzen, als ich von unserem Pastor hörte, dass der Sonntagsgottesdienst eine spätere Erfindung war. Die ersten Christen trafen sich täglich und es steht nirgendwo in der Bibel geschrieben: ›Du sollst sonntags in den Gottesdienst gehen!‹«

Und wenn man unterschiedlicher Meinung ist?

Rein menschlich gesehen ist die Aufgabe, Kinder »in der Zucht und Vermahnung des Herrn« zu erziehen und gleichzeitig für das eigene geistliche Wohlergehen zu sorgen, schier nicht zu bewältigen. Es geht ja nicht nur darum, die Kinder ganz allgemein zu guten, gottesfürchtigen Menschen zu erziehen, sondern auch darum, den Glauben praktisch vorzuleben. Und gerade hinsichtlich der verschiedenen Alltagsentscheidungen gibt es, wie mir meine mit Nichtchristen verheirateten Freundinnen bestätigten, oft große Meinungsverschiedenheiten zwischen (nichtchristlichem) Mann und (christlicher) Frau.

Was ist erlaubt und was nicht? Wofür wird Geld ausgegeben? Mit
wem dürfen sich die Kinder treffen und was unternimmt die Familie
zusammen? All dies sind Reibungspunkte, die schon manche christliche Ehefrau fast zur Verzweiflung getrieben haben. »Manchmal
fühle ich mich einsam und verlassen«, bekannte mir gegenüber eine
christliche Ehefrau. »Immer sieht es so aus, als sei ich die Spielver-
derberin. Es kommt mir manchmal vor, als hätte ich nur noch den
Herrn und niemanden sonst mehr, der mich versteht.«

Was kann die Ehefrau eines Nichtchristen tun, damit sie einerseits kein schlechtes Gewissen hat, sich aber andererseits auch ihr
Mann nicht zurückgestoßen fühlt? Fast alle Frauen, die ich befragt
habe, sagten mir, sie hätten es hilfreich gefunden, nicht aus jeder
Entscheidungsfrage ein »christliches« oder »religiöses« Streitthema
zu machen. Nehmen wir ein Beispiel: Wenn Ihr Mann von Ihnen verlangt, ihm bei der Steuererklärung zu helfen, sprich das Finanzamt
zu betrügen, ist es völlig verständlich, wenn Sie dies von Ihrem
christlichen Standpunkt aus nicht mittragen können. Doch müssen
Sie gleich einen Streit vom Zaun brechen? Reicht es nicht aus, ihm
klar zu sagen, dass Sie falsche Angaben für Lügen halten und dies
gegen Ihre moralischen Prinzipien (und Ihr Gewissen) verstößt? Ka-
rin befand sich genau in dieser Lage. »Bill hielt mir einfach ein Formular hin und sagte: ›Unterschreibst du das mal bitte?‹ Ich sah es
mir ein wenig genauer an und stellte fest, dass er Spesen eingetragen
hatte, die es nicht gab, und meine Spenden für die Gemeinde viel hö-
her angesetzt hatte, als sie tatsächlich waren. Zunächst hätte ich ihn
fast angebrüllt und ihm vorgehalten, er betrüge nicht nur mich, sondern auch noch den Staat, doch dann erinnerte ich mich daran, was
mir eine ältere Frau einmal gesagt hatte: ›Auch wenn Gott der Grund
deines Handelns ist, brauchst du das einem Nichtchristen nicht immer gleich zu sagen.‹ Ich hielt mich an diesen Rat und sagte Bill einfach: ›Tut mir furchtbar Leid, dass du dir die ganze Arbeit gemacht
hast, aber ich fürchte, du musst das Formular noch mal neu ausfül-
len. Ich kann meine Unterschrift einfach nicht unter Dinge setzen,
die nicht stimmen.‹ Zuerst sah er mich an, als käme ich vom Mond,
und erzählte mir, ich sei bestimmt die Einzige auf der Welt, die die
Sache mit der Steuererklärung so eng sehe, aber was sollte er machen? Ohne meine Unterschrift konnte er die Erklärung nicht abschi-

cken und so musste er sich wohl oder übel ein neues Formular besorgen.«

Obwohl sie den Betrug ablehnte, da sie wusste, dass er gegen Gottes Gebote verstieß, kam Gott nie zur Sprache. Im Gegenteil: Ihr Mann erkannte, dass seine Frau treu an ihren moralischen Ansichten festhielt.

Partys und andere Probleme

Auch der Freundeskreis des nichtgläubigen Ehemanns und die Frage, inwieweit sich die christliche Frau an den sozialen Verpflichtungen ihres Mannes beteiligen darf, birgt Konfliktstoff in sich. Immer wieder haben mir Frauen aus »gemischten« Ehen gesagt: »Fast jede Woche stelle ich mir die Frage: Darf ich mitgehen oder nicht?« Hinter dieser Frage steht der altbekannte Konflikt zwischen der in der Bibel geforderten »Absonderung von der Welt« (vgl. 2 Kor 6,17) und dem ebenfalls in der Bibel geforderten »in der Welt sein« (vgl. Joh 17,15). Nach vielen Gesprächen glaube ich, die Frage folgendermaßen beantworten zu können: Wenn die Tätigkeit oder Veranstaltung in der Bibel nicht ausdrücklich als Sünde bezeichnet wird, dürfen Sie guten Gewissens hingehen.

Verlangt also Ihr Mann, dass Sie mit ihm zusammen einen Porno-Film ansehen, ist Ihnen dies nicht erlaubt. Sie wissen: Die Sexualität wird dort als gierige Lustbefriedigung dargestellt; der Aspekt der Liebe fehlt und Ihre Gedanken werden auf eine falsche Fährte gelockt. Auch wenn Ihr Mann Ihnen sagt: »Wenn jemand anruft, sag einfach, ich wäre nicht da!«, dürfen Sie dies nicht, weil Lügen in der Bibel klar verboten werden.

Wenn Ihr Mann Sie jedoch darum bittet, ihn zu einer Betriebsfeier zu begleiten, dürfen Sie ruhig mitgehen, auch wenn Sie sich ziemlich sicher sind, dass dies zu einer »feucht-fröhlichen« Angelegenheit werden wird und die dort benutzte Sprache sicher nicht die Ihrige ist. Doch »Dabeisein« heißt noch lange nicht »Mitmachen« – oder wie Connie es ausdrückte: »Schließlich sind Gott und ich immer in der Mehrheit und auch Jesus hat mit Zöllnern und Sündern gegessen!«

Mir haben viele Ehefrauen bestätigt, dass ihre Männer sehr froh
darüber waren, dass sie sie begleitet haben. »Es hat unserer Ehe unheimlich gut getan, dass ich mit Brad zu dieser Fete gegangen bin«,
erzählte mir Mary. »Hinterher meinte er: ›Irgendwie bist du anders.
Du bist fröhlich und gut gelaunt, auch wenn du nichts getrunken
hast, und meine Kollegen waren ganz begeistert von dir!‹«

Bedenken Sie auch, dass sich Ihnen auf solchen Veranstaltungen
unter Umständen eine gute Gelegenheit zur Evangelisation bieten
kann. Sally erzählte mir in diesem Zusammenhang von ihrer ersten
Begegnung mit Beth, einer Kollegin ihres Mannes. »Als ich mir ein
Bitter Lemon bestellte und kein Bier, fragte sie mich grinsend, ob ich
etwa Abstinenzlerin sei oder an einer Alkohol-Allergie leide. Als ich
ihr dann erklärte, dass weder das eine noch das andere der Fall sei,
sondern ich einfach keinen Alkohol mag, weil ich sehe, was er im
Leben vieler Menschen anrichtet, hatten wir anschließend ein sehr
gutes Gespräch. Es stellte sich nämlich heraus, dass Beth heimlich
trank und noch niemandem zuvor von ihrer Sucht erzählt hatte. Inzwischen treffen wir beide uns regelmäßig zum Essen und plaudern
über Gott und die Welt. Und angefangen hat alles damals auf der
Party, als ich mir ein Bitter Lemon bestellte.«

Barbara vertritt eine ähnliche Ansicht: »Wir können und dürfen
uns nicht aus der Welt zurückziehen«, sagte sie mir. »Ich faste und
bete regelmäßig ein paar Tage, bevor ich mit meinem Mann zu einer
Party gehe, wo es hoch her geht. Ich bitte Gott darum, mein Herz vor
negativen Einflüssen zu beschützen und selbst einen guten Einfluss
auf die Freunde und Bekannten meines Mannes zu haben. Ich bete
darum, dass Gott die Menschen vorbereitet, mit denen ich zusam-
mentreffen werde, und dass sich gute Gesprächsmöglichkeiten ergeben.«

Freundschaften mit Nichtchristen

Ein weiteres Problem betrifft die festen Freunde und Bekannten des
Mannes. Oft ist es ja so, dass Ehepaare, unabhängig davon, ob sie
nun beide gläubig sind oder nicht, gemeinsame Interessen und einen
ähnlichen Geschmack haben. Meist gilt dann: »Dein Freund ist auch

mein Freund«, denn oft hat man nicht zuletzt deshalb geheiratet, weil man Umgang mit den gleichen Bekannten hatte und weil Mann und Frau dieselben Menschen sympathisch fanden. Gelegentlich jedoch kommt es vor, dass in einer »gemischten« Ehe der Mann völlig andere Typen nett findet als seine Frau und so steht diese vor der schwierigen Frage, wie sie sich verhalten soll.

Viele der von mir befragten Frauen gaben an, sie hätten ursprünglich Angst davor gehabt, dass die Freunde und Bekannten ihrer Ehemänner es diesen nur noch erschweren würden, zum Glauben zu kommen. »Ich bete darum, dass Max zu einem Mann Gottes wird, und dann hängt er ständig mit Leuten zusammen, denen nichts heilig ist!«, beklagte sich Mirabel. Andererseits sollten Sie als Ehefrau eines Nichtchristen beachten, dass eine nörgelnde oder kritische Haltung Ihrerseits bei Ihrem Mann womöglich das Gegenteil dessen erreicht, was Sie erreichen wollen.

Um Ihnen ein paar praktische Tips an die Hand zu geben, wie Sie sich in solchen Fällen verhalten können, möchte ich wieder einmal die Frauen zu Wort kommen lassen, die mir über ihre Erfahrungen berichteten.

Zunächst einmal ist zu beachten – hierin stimmten die Befragten überein –, dass eine Ehefrau sich niemals einreden sollte, sie sei verantwortlich für das, was ihr Mann tut oder lässt. Ebensowenig ist sie verantwortlich für die Freunde und Bekannten, die er auswählt.

Zweitens sollte sie sich immer bewusst sein, dass eine reine »Negativhaltung« beim Mann leicht eine Trotzreaktion hervorrufen kann. Immer wieder reagieren Menschen in einer solchen Situation mit einer »Jetzt erst recht«-Einstellung.

Drittens kommt es auf das Herz eines Menschen an und nicht darauf, ob er raucht oder trinkt. Oft wird gerade auch in christlichen Kreisen viel zu viel Wert auf solche Äußerlichkeiten gelegt. Dass jemand ein Kettenraucher ist und gelegentlich ein Schimpfwort in den Mund nimmt, heißt noch lange nicht, dass es sich dabei um einen schlechten Menschen handeln muss. Reagieren Sie darum nicht zu heftig auf solche Dinge.

Viertens ist es eine gute Idee – so christliche Frauen –, die psychologisch erprobte Taktik des »positiven Verstärkens« anzuwenden. Das heißt: Konzentrieren Sie sich auf die »netten« Freunde Ihres Mannes und schimpfen Sie nicht ständig über die, die Sie für unmöglich halten. Dana berichtete: »Seitdem ich mich immer wieder anerkennend über ein bestimmtes Ehepaar geäußert habe, fühlte sich auch mein Mann verstärkt zu diesen Leuten hingezogen, und die Kontakte, vor denen mir angst und bange war, schliefen allmählich ein.«

Fünftens sollte die Ehefrau eines ungläubigen Mannes Wert darauf legen, dass sie eine »Politik der offenen Tür« vertritt, sprich: Gastfreundschaft übt. Fragen Sie sich: »Fühlen sich die Freunde und Bekannten meines Mannes in unserem Haus wirklich wohl?«

»Anfangs fand ich es furchtbar, wenn David Freunde eingeladen hatte und mich bat, etwas zu trinken mitzubringen. Aber dann sagte ich mir: ›Besser sie trinken ihr Bier hier bei uns im Haus, wo ich noch einen gewissen Einfluss ausüben kann, als in irgendeiner Kneipe oder Bar, wo es womöglich nicht beim Trinken bleibt.‹«

Ein sechster Punkt wurde angesprochen, den ich deshalb besonders hervorheben möchte, weil er wichtig, aber für viele christliche Ehefrauen kaum nachvollziehbar ist. Er betrifft die Wünsche des Ehemanns nach »freien Wochenenden« bzw. Zeiten, die er ganz für sich allein hat und in denen er tun und lassen kann, was er will.

»Ich war jedesmal furchtbar wütend, wenn Brian ein Wochenende frei haben wollte, um mit seinen Kumpeln zum Angeln oder Segeln zu fahren«, erzählte mir Mathilde. »Da half es dann auch nichts, wenn er sich anbot, die Jungen mitzunehmen. Es kam mir jedesmal so vor, als ließe er mich im Stich. Eines Tages bin ich dann explodiert. Er hatte mich gefragt, was ich davon hielte, wenn er mit drei Freunden zusammen das Wochenende mit Skifahren verbringen würde. ›Was denkst du dir eigentlich dabei?‹, habe ich ihn wütend gefragt. ›Andauernd suchst du nach Gründen, um das zu tun, wozu du Lust hast. Erstens ist das viel zu teuer und zweitens solltest du auch an mich und die Kinder denken!‹

Nachdem ich mich ein wenig beruhigt hatte, fragte er mich ganz sachlich, was ich empfinden würde, wenn er jedesmal, wenn ich auf eines meiner Kirchentreffen gehen wollte, einen solchen Wutanfall bekäme. Ich habe dann angefangen zu heulen wie ein Schlosshund, weil ich sah, dass er Recht hatte. Er hatte mir nie einen Stein in den Weg gelegt, wenn ich zu meinen Bibelstunden gehen wollte, im Gegenteil, er hatte mich noch dazu ermutigt und auf die Kinder aufgepasst.«

Mathilde hat etwas sehr Wichtiges erkannt: Für einen nichtchristlichen Ehemann ist das Wochenende mit Freunden auf der Skihütte nichts anderes als die christliche Freizeit oder der Gemeindeausflug für die Ehefrau. »Ob du nun zusammen mit deinen christlichen Freundinnen die Bibel liest oder ich mit meinen Freunden segeln gehe – wo liegt der Unterschied?«, fragte Nick mit Recht.

Bedenken Sie: Nicht alle Freunde und Bekannte Ihres Mannes sind böse Menschen, die ihn vom Pfad der Tugend abbringen wollen, und wenn es Ihrem Mann Spaß macht, einmal etwas ohne Sie zu unternehmen, ist das durchaus normal!

Halten Sie sich ans Gebet – und an Ihren Mann!

»[…] laßt nicht nach im Gebet« (Röm 12,12), ermahnt der Apostel Paulus und ich kann mir kaum einen Bereich vorstellen, in dem ständiges Gebet wichtiger wäre, als in einer Ehe zwischen einer christlichen Frau und einem nichtchristlichen Mann. Das Gebet gibt der Frau die Möglichkeit, die Dinge, die sie doch so stark belasten, aus der Perspektive Gottes zu sehen. Gebet ist Stärkung und Erfrischung; Gebet ist wie ein Spiegel, in dem die christliche Ehefrau ihre Gedanken und Handlungen sieht.

Vielleicht kennen auch Sie den motivierenden Vers aus dem Jakobusbrief, in dem es heißt: »Wenn aber jemand von euch nicht weiß, was er in einem bestimmten Fall tun muß, soll er Gott um Weisheit bitten, und Gott wird sie ihm geben« (Jak 1,5). Allzu oft übersehen wir den Kontext, in dem dieser Vers steht. Es geht nämlich in den ersten Versen des Jakobusbriefes um Anfechtungen und Versuchungen, um Probleme des Alltags, die wir nicht bewältigen können, wenn uns die Weisheit und Hilfe Gottes fehlt. »Meine Brüder und Schwestern, nehmt es als Grund zur Freude, wenn ihr in vielfältiger Weise auf die Probe gestellt werdet« (Jak 1,2) – mit diesen Worten beginnt Jakobus seine Ausführungen. Gerade wenn eine Ehefrau nicht mehr weiterweiß, kann sie sich an Gott wenden und darauf vertrauen, dass er ihr zeigt, wie es weitergehen soll.

»Hätte ich das doch nur eher kapiert«, beklagt sich Helen. »Wie oft ist es vorgekommen, dass ich gleich losgeprescht bin, weil ich dachte, ich bekomme die Sache schon in den Griff. Und wenn ich dann auf die Nase gefallen bin, fällt mir ein, dass ich besser erst einmal Gott um Rat gefragt hätte.«

Nur durch Gebet kann eine christliche Ehefrau den manchmal überspannten Erwartungen ihres Mannes auf angemessene Weise begegnen. Das Gebet ermöglicht es ihr, seine Ansichten im richtigen Licht zu sehen und nicht jedesmal aufzugeben, wenn ihr danach ist. »Manchmal fühle ich mich so elend, dass ich am liebsten aus dem Haus laufen und laut die Tür hinter mir zuschlagen würde!«, erzählte mir Alice. »Aber mehr als einmal bin ich stattdessen in mein Zimmer gegangen und habe erst einmal Gott mein Herz ausgeschüttet. Und fast immer hat er die Dinge wieder ins rechte Lot gerückt.«

Eva hat Ähnliches zu berichten: »Manchmal bleibt mir nur noch das Gebet. Es heißt ja immer, man solle den Pastor oder eine Freundin um Rat fragen, aber wenn ich das jedesmal täte, wenn ich Rat brauche, wäre ich pausenlos unterwegs. Ich habe aber festgestellt, dass Gott auch bereit ist, seinen Rat ganz direkt zu geben, dann nämlich, wenn ich ihn im Gebet darum bitte und mit offenem Herzen die Bibel lese.«

»Mir war 1. Petrus, Kapitel 5, Vers 7 eine große Hilfe«, erzählte Carolyn. »Ich bin so froh darüber, dass ich alle meine Sorgen bei Jesus abgeben darf. Meine größte Sorge ist nach wie vor, dass Darrel den Weg zu Gott nicht findet und in die Hölle kommt. Aber auch da hat mir der Vers geholfen. Ich habe mich einfach bei Gott ausgeweint und meine ganze Last und innere Unruhe bei ihm ausgeschüttet.«

Fast alle Frauen, die ich befragte, erzählten mir, dass ihre Gebete oft sehr emotional und auch oft sehr laut seien. »Jetzt verstehe ich endlich, was die Bibel meint, wenn sie davon redet, dass wir ›zum Herrn schreien‹ sollen«, berichtet Norma. »Früher hielt ich das für eine rein poetische Sprache, aber inzwischen habe ich es schon oft wörtlich genommen! Meinen ganzen Ärger und meine ganze Frustration lasse ich bei Gott heraus. Früher verliefen meine Gebete oft nach der Devise: ›Herr, segne auch meinen Mann‹, aber inzwischen habe ich gemerkt, dass ich mit solchen Floskeln nicht weiterkomme!«

Viele Frauen betonten mir gegenüber auch, wie wichtig die Fürbitte ist, das heißt das stellvertretende Eintreten für den Mann bei Gott. »Jerry kann nun einmal nicht selbst beten, weil er nicht an Gott glaubt«, sagt Carol und fügt hinzu: »Aber er hat mir schon oft gesagt, dass ich ja eine ›direkte Leitung‹ zum Himmel hätte, und ich weiß genau, dass er so etwas nur halb im Scherz sagt. Denn die Auswirkungen meiner Gebete hat er schon oft im eigenen Leben zu spüren bekommen!«

Fast alle der von mir befragten Frauen, die mit Nichtchristen verheiratet sind, haben ähnliche Erfahrungen gemacht. »Wir beten zwar nicht laut für unsere Männer«, betonen sie, »aber wir lassen sie hin und wieder wissen, dass wir sie in unsere Gebete einschließen.«

»Ich rede nicht viel darüber«, erzählte mir Sue, »aber manchmal sage ich meinem Mann: ›Du, ich bete für dich!‹ Und er hat absolut nichts dagegen, solange er sicher sein kann, dass ich seine Bedürfnisse nicht als Gebetsanliegen in unserem Bibelkreis erwähne!«

Sue spricht hier einen wichtigen Punkt an. Es gibt nämlich kaum einen Mann, dem es gefällt, wenn seine Frau andere Frauen darum bittet, für ihre Ehe zu beten. Dies ist in seinen Augen ein Zeichen von Schwäche, und wahrscheinlich gibt es nichts, das Männer so sehr hassen wie Schwäche! Respektieren Sie also den Wunsch Ihres Partners, dass die Probleme zwischen ihm und Ihnen bleiben! Wenn Sie dies nicht tun, setzen Sie sein Vertrauen aufs Spiel.

»Ich bin erst vierzehn Jahre nach meiner Frau zum Glauben gekommen«, berichtet Bill, »und ich konnte es nie leiden, wenn persönliche Dinge als Gebetsanliegen weitergegeben wurden. Es kam mir wie ein Angriff auf meine Männlichkeit vor!«

Wichtig ist auch, dass eine Frau weiß, wofür sie beten soll. Normalerweise wird sie Gott zunächst einmal darum bitten, die Umstände zu ändern, die ihr Probleme bereiten, und ihren Ehemann dahingehend zu verändern, dass er ihr nicht länger Kummer und Leid zufügt. Die Frau sollte jedoch erkennen, dass alle diese äußeren Dinge lediglich Symptome einer tiefer liegenden »Krankheit« sind, nämlich der sündigen Natur ihres Mannes, die nicht – wie ihre eigene – durch die Wiedergeburt verändert wurde. Es sollte deshalb das wichtigste Gebetsanliegen der Frau sein, dass auch ihr Mann zu Christus findet und ihn als Herrn und Retter annimmt.

Vor einigen Jahren lehrte mich jemand eine gute Methode, wie man für Menschen beten kann, die noch nicht errettet sind. Diese Methode ist einfach, aber wirkungsvoll, und ich möchte sie Ihnen hier weitergeben:

Bekennen und bereuen Sie Ihre Fehler und Vergehen, damit nichts zwischen Ihnen und Gott steht, und vertrauen Sie darauf, dass: »Wenn wir aber unsere Verfehlungen eingestehen, können wir damit rechnen, daß Gott treu und gerecht ist: Er wird uns dann unsere Verfehlungen vergeben und uns von aller Schuld reinigen, die wir auf uns geladen haben« (1 Joh 1,9).

Gehen Sie dann dazu über, Gott anzubeten und ihn zu preisen. Nehmen Sie sich Zeit und Ruhe und überstürzen Sie nichts! Es dauert eine Weile, bis das unruhige menschliche Herz vor Gott zur Ruhe kommt. Denken Sie zum Beispiel über Ihre Lieblingsverse aus der Bibel nach oder zitieren Sie eine Strophe aus dem Gesangbuch.

Denken Sie über die Herrlichkeit Gottes nach! Erst dann sollten Sie an den Menschen denken, für den Sie beten wollen. Stellen Sie ihn sich vor, so wie er gerade ist: vielleicht freundlich und nett, nach den Maßstäben Gottes jedoch voller Sünde. Beschreiben Sie diesen Menschen dann und sagen Sie Gott, was jener Person gerade zu schaffen macht, sei es eine Depression, eine Krankheit, seine Einsamkeit oder sein unausgeglichenes Wesen – was immer es auch ist. Bitten Sie Gott, Ihnen zu helfen, auf eine Weise für diesen Menschen zu beten, die ihm gefällt. Wenn Ihnen die Worte fehlen, dürfen Sie sich getrost auf die Hilfe des Heiligen Geistes verlassen, denn es heißt in der Bibel: »[…] Wir sind schwache Menschen und unfähig, unsere Bitten in der rechten Weise vor Gott zu bringen. Deshalb tritt sein Geist für uns ein […]. Und Gott, vor dem unser Innerstes offenliegt, weiß, was sein Geist in unserem Innern ihm sagen will. Denn so, wie es vor Gott angemessen ist, legt er Fürsprache ein für die, die Gott als sein Eigentum ausgesondert hat« (Röm 8,26-27).

Halten Sie sich anschließend vor Augen, wie viel Gott daran liegt, auch diesen Menschen zu erreichen. Stellen Sie sich vor, wie Jesus die betreffende Person in seine liebenden Arme nimmt, ihn mit seiner Liebe überschüttet und ihm seine Bedürftigkeit und Sünde zeigt. Denken Sie daran: Gott sandte seinen Sohn auch für ihn in diese Welt und auch für ihn ist Christus gestorben!

Bitten Sie Gott auch darum, Ihr Herz mit Liebe zu diesem Menschen zu füllen, zu der Sie vielleicht aus eigener Kraft nicht fähig sind. Wenn Sie als christliche Ehefrau eines ungläubigen Mannes auf diese Weise für den Menschen beten, den Sie auf dieser Welt am meisten lieben, werden Sie mit der Zeit merken, dass Sie viel mehr über das nachdenken, was Gott tun kann, als über das, wozu Sie nicht in der Lage sind. Und Ihre Liebe zu Gott und Ihrem Mann wird nicht ohne Auswirkungen bleiben! Sie werden Ihren Mann lieben, weil Gott ihn liebt, nicht, weil er liebenswert ist.

Denken Sie daran, dass Ihr Mann zusammen mit Ihnen unter dem »Joch« ist und dass Sie nicht alleine sind – auch wenn es ein »ungleiches Joch« ist. Und auch Ihnen gilt die Zusage Christi: »[…] was *ich* euch zu tragen gebe, ist keine Last« (Mt 11,30).

Studienteil

1. Zur Aufgabe der christlichen Ehefrau und Mutter gehört die Erziehung der Kinder. Schlagen Sie bitte die folgenden Bibelstellen nach und beantworten Sie dann die jeweiligen Fragen:

   a) *Deuteronomium 11,18-19:* Was sagen diese Verse über den zeitlichen Aspekt der Kindererziehung aus? Wann sollen wir unsere Kinder erziehen?

   _____

   _____

   b) *Deuteronomium 32,45-46:* Wem fällt die Aufgabe der Kindererziehung zu und wessen Verantwortung ist es, darüber zu wachen, dass die Kinder gehorsam sind?

   _____

   _____

   c) *Sprichwörter 3,12:* Was sollte die Motivation für die Erziehung der Kinder (und auch eine mögliche Bestrafung) sein?

   _____

   _____

   d) *Sprichwörter 29,15:* Was geschieht, wenn ein Kind bestraft wird (nicht bestraft wird)?

   _____

   _____

   e) *2. Korinther 12,14:* Welche Verpflichtung haben Eltern gegenüber ihren Kindern? Was könnte das für Sie und Ihren Mann konkret bedeuten?

   _____

   _____

f) Lesen Sie die folgenden Verse und fassen Sie dann kurz zusammen, wie sich ein Kind nach Aussage der Bibel verhalten sollte. Vergessen Sie dabei nicht, dass Gott ein solches Verhalten auch von Ihnen als Eltern erwartet!

1. Exodus 20,12:

_____

_____

2. Levitikus 19,3:

_____

_____

3. Psalm 119,9:

_____

_____

4. Sprichwörter 1,8:

_____

_____

5. Kolosser 3,20:

_____

_____

6. 2. Timotheus 2,22:

_____

_____

7. Titus 2,6:

_____

_____

2. Das Gebet ist die Kraftquelle, die der mit einem Nichtchristen verheirateten Frau dabei hilft, ihrer geistlichen Verantwortung gerecht zu werden. Aus diesem Grund ist es ganz wichtig, dass die Frau erkennt, was Gebet bedeutet und wie sie auf effektive

Weise für ihren Mann beten kann. Lesen Sie bitte die folgenden Aussagen zum Thema »Gebet« und denken Sie darüber nach, welche Voraussetzungen an ein Gebet geknüpft sind, das Gott gefällt und das er auch erhören wird.

a) Psalm 66,18:

_____

_____

b) 1. Johannes 3,22:

_____

_____

c) Jakobus 4,3:

_____

_____

d) 1. Johannes 5,14-15:

_____

_____

e) Markus 11,22-24:

_____

_____

f) Johannes 15,7:

_____

_____

g) Lukas 11,9:

_____

_____

h) Epheser 6,18:

_____

_____

i) Markus 11,25:

_____

_____

j) Philipper 4,6:

_____

_____

3. »Fürbitte«, so hat einmal jemand gesagt, »ist unsere Bitte an
   Gott, etwas für einen anderen Menschen und nicht für uns selbst,
   zu tun.« Der Apostel Paulus hat im Brief an die Kolosser (1,9-12)
   ein Beispiel gegeben, wie ein solches Fürbittgebet aussehen sollte. Lesen Sie bitte die folgenden Verse und beantworten Sie die
   folgenden Fragen:
   a) Für wen betet Paulus (vgl. Kol 1,2):
   _____
   _____

   b) Führen Sie 9 Dinge auf, die Paulus für die Kolosser erbittet:
      1. _____
      2. _____
      3. _____
      4. _____
      5. _____
      6. _____
      7. _____
      8. _____
      9. _____

   c) Lesen Sie Kolosser, Kapitel 1, Vers 12. Wie beendet Paulus
      sein Fürbittgebet?
   _____
   _____

Kapitel 7

Wenn es nicht mehr weitergeht

Wenn nachts um zwei das Telefon läutet, wissen Sie, dass sich entweder jemand verwählt hat oder einer Ihrer Lieben ernsthafte Probleme hat. »Hier, für dich«, murmelte George schlaftrunken und reichte mir den Hörer. Es war Kathy und sie wusste nicht mehr aus noch ein. Ich konnte sie kaum verstehen, weil ihre Worte immer wieder von heftigem Schluchzen unterbrochen wurden.

Schließlich verstand ich, dass ihr Mann wieder einmal – es war nicht das erste Mal – betrunken nach Hause gekommen war. Nun tobte er seinen Rausch aus. Ihre Bibel hatte er in tausend Stücke zerrissen, anschließend hatte er seine Frau gegen die Wand gedrückt und ihr mehrmals ins Gesicht geschlagen. Sie hatte es gerade noch geschafft, das Baby zu holen und sich zusammen mit der Kleinen (und dem Telefon) im Badezimmer einzuschließen. Seit einigen Minuten schien ihr Mann nun seinen Rausch auszuschlafen und sie hatte endlich Gelegenheit, mit der Außenwelt in Kontakt zu treten. »Was soll ich nur tun, Jo?«, schluchzte sie. »Er macht uns fertig, wenn er aufwacht. Ich habe solche Angst!«

Ich sagte ihr, sie solle sich und das Kind so schnell wie möglich anziehen, ihre Papiere und ein paar andere wichtige Dinge zusammensuchen und dann sofort das Haus verlassen. Da ihr Mann die Autoschlüssel in seiner Hosentasche hatte, riet ich ihr, bei ihrer Schwester anzurufen und diese zu bitten, an der nächsten Ecke mit dem Auto auf sie zu warten (die Hausklingel hätte ihren Mann womöglich geweckt).

Doch dann sagte meine Freundin etwas, das zwar einer guten Absicht entsprang, jedoch weder vernünftig noch theologisch korrekt war: »Darf ich das denn überhaupt? Es heißt doch in der Bibel, dass wir unseren Ehepartner nicht verlassen sollen. Wäre es nicht besser, ich warte, bis er mich hinauswirft?«

Was ich antwortete, möchte ich im Laufe der folgenden Seiten erläutern und biblisch zu begründen versuchen. Wieder einmal hatte es sich hier ein Mensch schwerer als nötig gemacht. Kathys Situation war sicher bemitleidenswert, aber so außergewöhnlich, wie man denken könnte, ist sie leider nicht. Und leider ist es auch nichts Außergewöhnliches, dass sich ein Mensch noch bei der vernünftigsten und naheliegendsten Entscheidung ein schlechtes Gewissen macht.

Es geht also in diesem Kapitel um Frauen, die sich in einer äußerst schwierigen Situation befinden, um christliche Frauen von Ehemännern, die nicht nur ungläubig sind, sondern auch unmenschlich, weil sie ihre Frauen (und oft auch die Kinder) anschreien, verprügeln und seelisch oder auch körperlich missbrauchen.

Wann ist das Maß voll?

Die Frage, mit der alle diese Frauen konfrontiert werden, lautet: »Wann ist das Maß voll? Wie lange muss ich aushalten und wann darf ich den ständigen Demütigungen und Verletzungen entfliehen? Verlangt Gott Unterordnung von mir oder will er, dass ich mich aus der Situation zurückziehe?«

Es gibt auf diese Fragen keine einfachen Antworten und jeder Fall sieht anders aus. Doch auch für solche schwierigen Lebensumstände hält Gottes Wort Richtlinien und Verhaltensregeln bereit. Die Bibel zeigt auch in diesen Fällen den Frauen, die mit Nichtchristen verheiratet sind, was zu tun und was zu lassen ist, vor allem aber: wo sie dem Verhalten ihrer Ehemänner klare Grenzen ziehen müssen.

Was sagt die Bibel dazu?

Im 7. Kapitel des 1. Korintherbriefes stellt der Apostel Paulus einige ausführliche Regeln für das eheliche Zusammenleben auf. Einige der Fragen, die er bespricht, sind neu, weil sie sich in der Zeit vor Jesu Tod noch nicht stellten. Hierzu gehört auch die Ehe einer Christin mit einem ungläubigen Partner. Zur Zeit des alten Bundes waren die Juden das auserwählte Volk Gottes. Seit Christi Tod auf Golgatha darf jeder zu Gottes Volk gehören, der an Christus als den Messias glaubt. Es ist verständlich, dass sich in der frühen Kirche einige Probleme aus der Tatsache ergaben, dass die Juden nun nicht länger die exklusive Stellung innehatten, an die sie gewöhnt waren. Wer an den Messias glaubte, gehörte zur Familie Gottes, wer dies nicht tat, gehörte nicht dazu, selbst wenn er Jude war. Und nun gab es auf einmal hebräische Christen, die mit jüdischen, aber ungläubigen Männern verheiratet waren – ungläubig in dem Sinne, dass sie keine Christen waren. Und so stellte sich die Frage: Dürfen die hebräischen Christen (oder Christinnen) ihre Partner jüdischen Glaubens verlassen? Schließlich ist ja auch im Alten Testament davon die Rede, dass ein Jude keinen Ungläubigen heiraten darf.

Der Apostel geht auf diese Fragen ausführlich ein, wobei er teilweise die Worte Jesu wiederholt, teilweise aber auch eigene und über Jesu Worte hinausgehende (wenn auch nicht dazu im Widerspruch stehende) Regeln aufstellt. Zunächst wiederholt Paulus eine Regel, die den Korinthern bereits bekannt war: »Für die Verheirateten dagegen habe ich eine verbindliche Vorschrift. Sie stammt nicht von mir, sondern von Christus, dem Herrn: Eine Frau darf sich von ihrem Mann nicht trennen« (1 Kor 7,10). Dies ist ein biblisches Prinzip, an dem es absolut nichts zu rütteln gibt: Wer geheiratet hat, soll und muss verheiratet bleiben! Jesus selbst hat gesagt: »Und was Gott zusammengefügt hat, sollen Menschen nicht scheiden« (Mt 19,6).

Gottes Ideal ist es, dass Mann und Frau verheiratet bleiben, bis einer der beiden stirbt: »Eine Frau ist gebunden, solange ihr Mann lebt. Wenn er stirbt, ist sie frei, und sie kann heiraten, wen sie will. Nur darf die neue Bindung ihrer Verbundenheit mit dem Herrn nicht im Weg stehen« (1 Kor 7,39). Eine Ehe sollte also immer eine »lebenslängliche« Angelegenheit sein! Mit einer Ausnahme: Ein verwitweter Partner darf wieder heiraten, allerdings nur einen Gläubigen.

Anschließend stellt Paulus klar, dass dieselben Regeln auch für Christen gelten, die mit Nichtchristen verheiratet sind: »Dasselbe gilt für eine Christin, die einen ungläubigen Mann hat: Wenn er bei ihr bleiben will, soll sie sich nicht von ihm trennen« (1 Kor 7,13). Die Ehefrau eines ungläubigen Mannes hat also kein Recht, ihren Partner zu verlassen oder sich scheiden zu lassen, nur weil der Mann nicht gläubig ist. Doch genau das taten offensichtlich einige korinthische Frauen. Und sie beriefen sich dabei sogar auf das Alte Testament und die jüdischen Überlieferungen. Denn im jüdischen Denken galt ein Mensch, der Umgang mit einem Heiden hatte, als unrein. Die Sünde, so dachte man, könnte durch den Kontakt mit der anderen Person auf die christliche Frau (oder den christlichen Mann) »abfärben« und damit auch den christlichen Partner unrein oder unheilig machen. Genau aus diesem Grund hatte Gott ja im Alten Testament die gemischten Ehen verboten. Es war ihm regelrecht ein Greuel, wenn sich Angehörige seines Volkes mit Heiden vermischten. Und weil die korinthischen Christen offensichtlich die Besonderheit des Neuen Bundes nicht verstanden, dachten sie, eine Ehe mit einem Ungläubigen müsste beendet werden.

Paulus beantwortet die Frage, indem er klarstellt, dass es – anders als im Alten Bund – im Neuen Testament keine Verunreinigung des heiligen Partners durch den unheiligen gibt. Im Gegenteil: »Sie wird durch die Ehe mit ihm nicht befleckt, denn der ungläubige Mann wird durch die Verbindung mit ihr rein. Das entsprechende gilt für einen christlichen Mann mit einer ungläubigen Frau« (1 Kor 7,14). Eine solche Ehe ist also legitim und das Schönste daran ist: Der ungläubige Partner beeinflusst also den gläubigen Partner nicht negativ, sondern es geht ein positiver Einfluss vom Gläubigen auf den Ungläubigen über!

Dies bedeutet sicher nicht, dass ein nichtchristlicher Ehemann in den Himmel kommt, weil seine Frau gläubig ist, aber es bedeutet sehr wohl, dass der ungläubige Ehemann etwas von dem Segen abbekommt, der von seiner Frau ausgeht, denn dass die Frau in der Gemeinschaft mit Gott lebt, kann auf ihn nicht ohne Auswirkungen bleiben. 1. Petrus, Kapitel 3, Vers 1 (ein Vers, über den wir bereits sprachen) macht zudem deutlich, dass durch die Gemeinschaft mit der Frau womöglich auch der Mann zu Christus findet.

Paulus ist, nachdem er diese Regeln aufgestellt bzw. wiederholt hat, mit seinen Ausführungen zum Thema »Ehe« noch nicht fertig. Der Heilige Geist veranlasst ihn nämlich, zu der soeben aufgestellten Regel eine Ausnahme zuzulassen: »Wenn aber der ungläubige Teil auf der Trennung besteht, dann gebt ihn frei. In diesem Fall ist der christliche Teil, Mann oder Frau, nicht an die Ehe gebunden. Gott hat euch zu einem Leben im Frieden berufen« (1 Kor 7,15).

Paulus verlangt also nicht von der christlichen Ehefrau, dass sie eine Situation aushält, in der sie missachtet und missbraucht wird, sondern er eröffnet ihr einen Ausweg. Gott lässt seine Kinder nicht in ausweglosen Situationen stecken, sondern erbarmt sich über sie: »Wie ein Vater mit seinen Kindern Erbarmen hat, so hat der Herr Erbarmen mit denen, die ihn ehren« (Ps 103,13).

Sich trennen heißt nicht sich scheiden lassen

Es ist für eine christliche Ehefrau, die von ihrem Mann seelisch oder körperlich missbraucht wird, sehr wichtig zu wissen, welche Begriffe in den entscheidenden Bibelversen verwendet werden und in welchem Kontext sie stehen. Eine Frau muss die Freiheit haben, das Nächstliegende zu tun, wenn sie es mit ihrem Gewissen verantworten kann. Wenn Paulus in 1. Korinther, Kapitel 7, Vers 15 und an anderen Stellen davon spricht, dass man sich »trennen« dürfe, so bedeutet dieses Verb eigentlich »verlassen« oder »loslassen«, nicht jedoch notwendigerweise »dauerhafte Trennung« oder »Scheidung«.

Da jeder Tat ein Gedanke vorausgeht, bin ich der Meinung, dass man den Begriff der »Trennung« oder des »Loslassens« auch auf die innere Einstellung eines Menschen ausdehnen darf. Das heißt: Auch wenn es Paulus in erster Linie um eine äußerliche Trennung geht, schließt er mit dem Wort auch die seelische oder innere Trennung ein, die ganz genauso schwerwiegend sein kann wie eine äußere.

Die Bibel nimmt zugegebenermaßen nicht ausdrücklich zu dieser Problematik Stellung, doch wir dürfen mit Recht einige Schlüsse ziehen, die sich aus anderen Versen ergeben. So wird in den Evangelien immer wieder darauf hingewiesen, wie mitfühlend und barmherzig Jesus war. Denken Sie nur daran, mit welcher Zartheit er Frauen und Kindern begegnete und wie feinfühlig er mit der Ehebrecherin am Jakobsbrunnen umging. Erinnern Sie sich daran, wie Maria ihm zu Füßen saß, um von ihm zu lernen, und wie seine letzte Sorge, als er schon am Kreuz hing, seiner Mutter galt (vgl. Joh 19,27)?

In seinem Brief an die Gemeinde in Ephesus ermahnt Paulus die Ehemänner, ihre Frauen zu lieben, »wie Christus die Gemeinde geliebt hat« (Eph 5,25). »So müssen auch die Männer ihre Frauen lieben wie ihren eigenen Körper« (Eph 5,28). Wie sehr hat Christus die Gemeinde geliebt? So sehr, dass er für sie gestorben ist. Eine solche Liebe ist das genaue Gegenteil von ehelichem Missbrauch und ehelicher Missachtung. Oder können Sie sich einen Mann vorstellen, der seine Frau liebt »wie seinen eigenen Körper« und ihr dabei gleichzeitig das Leben schwer macht?!

Mir scheint deshalb, dass ein Mann, der seine Frau körperlich oder seelisch misshandelt, diese Frau bereits »verlassen« hat, auch wenn er körperlich noch unter demselben Dach wohnt. Innerlich hat er die Ehe aufgekündigt, ganz gleich, ob dies nach außen hin sichtbar ist oder nicht. Nein, wer seine Frau wie einen Fußabtreter behandelt, der hat sie aufgegeben!

Insofern meine ich es verantworten zu können, den von Paulus benutzten Begriff »scheiden« oder »verlassen« auch auf den Bereich des Herzens oder der inneren Einstellung ausdehnen zu dürfen. Sobald ein solcher Punkt erreicht wird, hat konsequenterweise auch die Frau das Recht zu gehen. Gott erwartet nicht von ihr, dass sie sich weiterhin einer Situation aussetzt, die nicht mehr tragbar ist. Nein, die Frau ist in solchen Fällen nicht an die Ehe gebunden. Wer als Frau vom Ehemann ständig verbal oder körperlich malträtiert wird, ist von einem freien Menschen zu einer Sklavin geworden und Sklaverei entspricht nicht dem Willen Gottes. Paulus sagt im selben Kapitel: »Darum macht euch nicht zu Sklaven menschlicher Maßstäbe« (1 Kor 7,23). Gott hat einen Menschen nicht aus der Sklaverei der Sünde und des Todes erlöst, um ihn dann in die sklavische Abhängigkeit eines anderen Menschen zu schicken. Vielmehr liegt ihm daran, dass der Mensch aus freien Stücken zum Diener wird, zum »Knecht Christi«, und er soll »teilhaben an der unvergänglichen Herrlichkeit, die Gott seinen Kindern schenkt« (Röm 8,21).

Das Maß ist also in dem Augenblick voll, in dem ein Mann seine Frau versklavt. Die Frau hat das Recht und die Pflicht, die Freiheit in Christus der Tyrannei vorzuziehen, wenn der Mann es ihr nicht erlaubt, ihrer christlichen Berufung gemäß zu leben.

Wir sahen bereits, dass »Unterordnung« darin besteht, sich aus freien Stücken jemandem zu unterstellen. Wenn Gott den Frauen den Auftrag gibt, sich ihren Männern unterzuordnen, dann möchte er, dass sie sich der Liebe und Fürsorge ihrer Ehemänner hingeben und diese in ihrer ihnen von Gott verliehenen Stellung als Kopf der Familie achten und ehren. Nirgendwo in der Schrift ist die Rede davon, dass der Herr es von einer Frau erwartet, dass sie sich körperlichem oder seelischem Missbrauch aussetzt.

Nicht selten sind betroffene Frauen jedoch der Ansicht, sie würden die ihnen aufgetragene Unterordnung aufgeben, wenn sie ihren Mann verlassen. Statt sich selbst und ihre Kinder zu schützen (die womöglich ein Leben lang seelisch leiden würden, wenn sie weiterhin eine zerstörte Ehe mitansehen müssten), werden diese Frauen passiv und lassen sich nur noch treiben. Doch Passivität hat nichts mit Unterordnung zu tun! Unterordnung ist immer ein freiwilliger Akt; Passivität in diesem Sinne jedoch ist eine vom Mann erzwungene Reaktion auf die Unterdrückung der Frau. Unterordnung achtet die Würde der Frau; Passivität tritt sie mit Füßen und führt nicht selten zu Selbsthass auf Seiten der Frau. Es gibt Frauen, die sich ihren Männern so lange »unterordnen«, bis sie selbst daran glauben, eine solche Behandlung verdient zu haben.

Es gibt viel zu viele Frauen, die sich einreden, es gäbe keinen Ausweg: »Ich habe es nicht besser verdient«, denken sie. »Schließlich habe ich einen Nichtchristen geheiratet und wusste, was ich tat. Nun muss ich die Suppe auslöffeln, die ich mir eingebrockt habe!« Manche Frauen reden sich sogar ein, dass sie selbst schuld sind an dem menschenunwürdigen Verhalten ihres Mannes. »Es ist sicher mein Glaube, der dazu geführt hat, dass er so geworden ist«, denken sie. Doch das stimmt nicht. Ich will nicht bestreiten, dass es Ehemänner gibt, die dies so darstellen, aber der wirkliche Grund für ihr Verhalten ist ein anderer. Männer, die ihre Frauen geringschätzig und gewalttätig behandeln, sind seelisch krank! Die Frau braucht eine solche Tyrannei keineswegs über sich ergehen zu lassen!

Bitte denken Sie auch nicht, Gott würde Sie »schon beschützen«, egal, zu welchen Gewalttaten sich ihr Mann hinreißen lässt. Cindy dachte das – bis ihr Mann sie erschoss. Eleanor dachte es ebenfalls – bis ihr Mann sie die Treppe hinunterwarf und sie sich schwerste Verletzungen an Schädel und Rücken zuzog. Emily dachte es ebenfalls – bis durch Howards Schuld das Haus abbrannte, als er wieder einmal durch eine fatale Kombination von Alkohol und Drogen

»high« war und mit der Zigarette in der Hand auf dem Sofa einge-
schlafen war. Die Tochter der beiden zog sich dabei Verbrennungen
zu und musste monatelang im Krankenhaus liegen. Auch Claudia
dachte, Gott werde sie schon beschützen – und bezahlte diesen
»Glauben« mit einem Nervenzusammenbruch, der sie über Monate
hinweg lebensunfähig machte. Als sie wieder klar denken konnte, er-
fuhr sie, dass ihre Kinder mehrere Wochen lang in einem Pflegeheim
untergebracht waren und ihrem Mann per Gerichtsbeschluss bestätigt wurde, dass er für die Familie eine »akute Gefahr« darstelle.

Bedenken Sie: Sie sind es nicht nur sich, sondern vor allem Ihren
Kindern schuldig, einen solchen Mann und Vater so schnell wie
möglich zu verlassen. Ein Kind trägt lebenslange seelische Schäden
davon, wenn es weiterhin einer solchen Situation ausgesetzt bleibt.
Die Bibel spricht immer wieder von der Bedeutung des christlichen
Vorbilds und der Verantwortung. Sie warnt uns sehr deutlich davor,
nicht die Gemeinschaft böser, blasphemischer, gewalttätiger und un-
berechenbarer Menschen zu suchen, denn schlechter Umgang färbt
zwangsläufig ab. Es ist statistisch nachgewiesen, dass ein Großteil
der Männer, die Frau und Kinder misshandeln, selbst in ihrer Kindheit misshandelt wurden.

Gott hat auch Ihnen nicht den »Geist der Feigheit« gegeben, son-
dern den Geist »der Kraft und der Liebe und der Besonnenheit« (2
Tim 1,7) und »Gott hat euch zu einem Leben im Frieden berufen« (1
Kor 14,33).

Und Scheidung …?

Ich hoffe, ich habe Sie davon überzeugt, dass es nicht Gottes Willen
entspricht, wenn eine Ehefrau mit einem Mann unter demselben
Dach lebt, der sie und ihre Kinder permanent tyrannisiert oder missbraucht. Es bleibt die Frage zu klären, ob die Frau einen solchen
Mann erst einmal für eine Zeitlang verlässt oder ob die Situation
derart untragbar geworden ist, dass sie ausziehen muss und an eine
Rückkehr nicht zu denken ist – all dies, wie gesagt, unter der Vo-
raussetzung, dass der Mann den Schritt der inneren Aufkündigung
der Ehe zuerst getan hat.

Der Hauptbeweggrund der Frau sollte es sein, sich und ihre Kinder zu schützen, und nicht, die Beziehung vorzeitig zu beenden. Jede Entscheidung wird andere Entscheidungen nach sich ziehen: Eine Trennung, ob zeitweise oder für immer, wird die Frage der Scheidung aufwerfen, und wenn eine Scheidung erfolgt ist, stellt sich die Frage nach der Legitimität einer Wiederheirat. Zu all diesen Problemkreisen hat die Bibel etwas zu sagen.

Da es nicht Gottes Willen entspricht, dass sich Ehepartner auf Dauer trennen, halte ich es für wichtig, dass stets die Einleitung der Scheidung durch den ungläubigen Ehemann abgewartet wird – falls es überhaupt soweit kommen muss. Ist eine Trennung unvermeidlich, wird auch die Frau Rechtsbeistand suchen müssen, vielleicht sogar schon dann, wenn die Scheidung noch nicht eingereicht wurde. Keinesfalls jedoch sollte die Frau den ersten Schritt zu einer endgültigen Beendigung der Ehe tun!

Falls ihr Mann die Scheidung einreichen will, sollte sie zulassen, dass er sie verlässt. Auch wenn Gott es zulässt, dass der Mann durch sein Verhalten die Ehe beendet, sollte sie dies akzeptieren. Wenn nicht, sollte sie sich so eng wie möglich an den Buchstaben des Gesetzes halten, was im Klartext heißt, dass eine Christin unter keinen Umständen die Scheidung einreichen sollte – nicht, weil es Gott darauf abgesehen hätte, sie in einer ausweglosen Situation festzuhalten, sondern weil sie versuchen muss, selbst ohne Schuld zu bleiben. Auf diese Weise bleibt sie auch grundsätzlich offen für eine Versöhnung, die ja unter Umständen eintreten kann, dann nämlich, wenn ihre Gebete erhört werden, der Ehemann zum Glauben findet und die Beziehung wieder aufnehmen möchte.

Vielleicht liegt Ihnen nun die Frage auf dem Herzen, ob es auch zu dieser Regel eine Ausnahme gibt: Darf eine christliche Ehefrau jemals selbst die Scheidung einreichen? Ich kann diese Entscheidung niemandem abnehmen und ich kenne auch nicht die persönlichen Umstände, die zu einer solchen Überlegung führen können. Ich weiß auch, dass es eine ganze Reihe evangelikaler Kirchen und Gemeinden gibt, die auf dem Standpunkt stehen, dass eine Frau im Falle der Untreue ihres Mannes durchaus das Recht hat, sich scheiden zu lassen. Dieser einzige Fall wird dann als »biblischer Scheidungsgrund« bezeichnet, wobei man sich auf die Worte Jesu beruft:

»Wer sich von seiner Frau trennt und eine andere heiratet, begeht Ehebruch – ausgenommen den Fall, daß sie ihrerseits die Ehe gebrochen hat« (Mt 19,9).

Natürlich sind die Beweggründe für eine Scheidung der entscheidende Punkt, denn in der Bibel wird deutlich gemacht, dass die Legitimität einer Wiederheirat von der geistlichen Begründung der vorausgegangenen Scheidung abhängt.

Falls Sie meine persönliche Meinung hören wollen: Ich glaube nicht, dass es überhaupt so etwas wie »biblische Gründe« für eine Scheidung gibt! Ich habe verschiedene Gründe für diese Auffassung. Der erste hängt mit der Tatsache zusammen, dass unser himmlischer Vater die Ehe auf Dauer angelegt hat. Ehe ist nach seinem Willen eine lebenslange Gemeinschaft zweier Menschen, die absolut unauflöslich ist. Es würde seinem Willen widersprechen, wenn er uns trotzdem ein »Hintertürchen« offen lassen würde, durch das wir aus dieser Beziehung herauskämen.

Der zweite Grund ist der, dass es auch noch andere Sünden als Untreue gibt und dass diese bisweilen sehr viel schlimmer sein können als Ehebruch. Ich kenne mehr als ein Ehepaar, das verheiratet geblieben ist, obwohl einer der Partner untreu gewesen ist. Wer sagt, dass man sich nach einem Ehebruch scheiden lassen müsse, macht diese Sünde geradezu zu einem unvergebbaren Verbrechen. Ich kenne sogar Frauen, die mir gegenüber geäußert haben, sie würden nichts lieber erleben als einen »Seitensprung« ihres Mannes, damit sie sich endlich »biblisch scheiden« lassen könnten und nicht von ihrer christlichen Gemeinde »schief angesehen« würden. Es liegt auf der Hand, dass eine Frau, die so denkt, unterbewusst ihren Mann durch ihr Verhalten sogar in eine andere Beziehung treiben kann.

Der dritte Grund, der mich an der Berechtigung einer Scheidung zweifeln lässt, ist der, dass Gott Scheidung hasst (vgl. Mal 2,16). Und wie kann Gott etwas zulassen oder erlauben, das ihm zutiefst zuwider ist? Christus selbst hat dieses Prinzip in seinem Gespräch mit den Pharisäern sehr deutlich gemacht, als diese ihn fragten, ob sich ein Mann aus irgendeinem Grund von seiner Frau scheiden lassen kann (Mt 19,3). Jesus machte unzweideutig klar, was Gottes ewiger Wille ist: »Und was Gott zusammengefügt hat, das sollen Menschen nicht scheiden« (Mt 19,6).

Doch die Pharisäer gaben nicht auf. Sie konterten: »Wie kann Mose dann vorschreiben: Der Mann soll der Frau eine Scheidungsurkunde ausstellen und sie wegschicken« (Mt 19,7), worauf Jesus klarstellt, dass es nur eine einzige Ausnahme zur Regel der lebenslangen Dauer einer Ehe gibt: »weil ihr euer Herz gegen Gott verhärtet habt« (Mt 19,8). Ehebruch ist also nur als eine Erklärung und ein besonders drastisches Beispiel für »Hartherzigkeit« zu verstehen, und nur in einem solchen Falle, wenn das menschliche Herz völlig verhärtet ist, erlaubt Gott eine Scheidung (fordert sie jedoch nicht).

Stanley Ellisen bemerkt in seinem Buch *Divorce and Remarriage in the Church* (»Scheidung und Wiederverheiratung in der Kirche«) sehr richtig, dass es Jesus mit seiner Aussage keinesfalls darum ging, »eine Möglichkeit für eine Scheidung aufzuzeigen, sondern er wollte vielmehr klarstellen, wie zerstörerisch sich außerehelicher Geschlechtsverkehr auf eine Ehe auswirkt«.[1]

Gott befiehlt hier nicht die Scheidung, er fordert sie nicht und er unterstützt die Forderung danach auch nicht. Seit Anbeginn der Schöpfung ist es vielmehr Gottes Wille, dass die Ehe eine liebevolle, lebenslange und monogame Beziehung ist. Niemals hatte Gott ein vorzeitiges Ende einer solchen Beziehung im Sinn, wenn er ein solches Ende auch in einem einzigen Falle erlaubt: der Härte des Herzens. Scheidung ist also niemals Gottes Wille, sondern immer nur eine Notlösung. Ellison führt hierzu aus: »Es ist ganz wichtig, dass wir erkennen, dass die Bibel Scheidung niemals als Option darstellt, immer nur als letzte Möglichkeit, besser gesagt: als allerletzte Möglichkeit.«[2]

Eine solche »Härte des Herzens« kann sich auf verschiedene Art und Weise äußern. Für Salomo beginnt sie schon dann, wenn ein Mann sich weigert, auf Gott zu hören, seinen Rat nicht mehr annimmt und seine Korrektur verwirft (vgl. Spr 1,24-25). Auch Paulus weist im ersten Kapitel seines Briefes an die Gemeinde in Rom darauf hin, dass sich menschliche Torheit und Verblendung darin zeigt, dass man Gott nicht als Gott verehrt, sich ihm gegenüber nicht dankbar zeigt und sich stattdessen sexuellen Perversionen und Götzenverehrung hingibt.

Wenn sich ein Mensch einmal dazu entschlossen hat, eine Mauer um sein Herz herum zu bauen und Gott nicht mehr an sich heran zu lassen, gibt es kaum noch Hoffnung, dass dieser Mensch errettet wird. Entsprechend besteht in einer Ehe, in der sich der Mann durch nichts und niemanden von seiner Härte abbringen lässt, auch keine Chance mehr auf Heilung. Gott erlaubt es in einem solchen Ausnahmefall, dass sich die Frau von ihrem Mann trennt, damit wenigstens sie – gewissermaßen als der »weiche« Teil – überlebt und nicht unter der Härte des Mannes zugrunde geht.

Einige Beispiele

Ich werde Ihnen im Folgenden drei Frauen vorstellen, die sich in unterschiedlichen Notsituationen befanden, und möchte Ihnen zeigen, wie diese Frauen mit ihrem Problem umgingen.

Da ist zunächst einmal Debbie. Debbie war gerade erst neunzehn Jahre alt, als sie Doug heiratete. Weder sie noch er waren zu diesem Zeitpunkt gläubig. Innerhalb von drei Jahren wurden zwei Kinder geboren. Doug wechselte in dieser Zeit von einer Stelle zur anderen und kümmerte sich so gut wie nie um die Kinder. Seine Rolle beschränkte sich darauf, sich von seiner Frau bedienen zu lassen und ab und zu ein Kind zu zeugen. Debbie fand schließlich zum Glauben, hauptsächlich durch das Zeugnis ihrer Nachbarin, die Christin war.

Doug entwickelte sich in eine ganz andere Richtung. Er experimentierte mit Rauschgift, rauchte Marihuana und nahm später auch stärkere Drogen. Zusätzlich ertränkte er seinen Kummer im Alkohol, was dazu führte, dass er eines Tages handgreiflich und später richtig gewalttätig wurde. »Ich hatte wahnsinnige Angst, er würde mir oder den Kindern etwas antun«, erzählt Debbie. »Eines Tages habe ich dann kurzerhand meine sieben Sachen gepackt, mir die Kinder geschnappt und bin gegangen! Ich weiß bis heute nicht, was die Bibel zu diesem Thema sagt, aber ich konnte mir einfach nicht vorstellen, dass es Gottes Wille sein könnte, dass ein Mann sein Geld für Schnaps und Drogen ausgibt und anschließend Frau und Kinder verprügelt.«

Debbie hatte Glück im Unglück. Sie hatte ein paar gute Freundinnen, die sie aufnahmen und bei sich wohnen ließen. Doug suchte dann irgendwann das Weite und bis heute weiß niemand, wo er sich aufhält. Seine Familie hat eine Suchanzeige aufgegeben, doch seit Jahren ohne Erfolg. »Vielleicht ist er längst tot«, sagt Debbie traurig. Sie hat inzwischen die Scheidung eingereicht, denn sie möchte endlich wieder ein normales Leben führen können.

Kristins Situation ist völlig anders. Ihr Mann Hal ist Ingenieur. Er ist ein netter, äußerst zuvorkommender Mann, der seine Frau und seine Kinder von Herzen lieb hat. »Ich hätte einfach keinen besseren Mann finden können«, schwärmte Kristin.

Das Unglück nahm seinen Lauf, als Kristin zum Glauben an Jesus Christus kam. Für sie völlig unverständlich, reagierte Hal darauf nicht nur mit Unverständnis, sondern mit Gewalt und Flüchen. Alles, was irgendwie mit »Religion« zu tun hatte, schien ihm ein Dorn im Auge zu sein. Einmal nahm er seiner Frau die Bibel weg, verbrannte das Buch, sperrte die Kinder in ihrem Zimmer ein und versuchte alles, was in seiner Macht stand, um Kristin davon abzuhalten, die Bibelstunde in ihrer Gemeinde zu besuchen. Dabei schrie und drohte er und sparte nicht mit blasphemischen Worten über Gott und Kristins neugefundenen Glauben.

»Mir war das Ganze völlig unbegreiflich. Ich hatte den Eindruck, plötzlich einen anderen Menschen vor mir zu haben«, berichtete Kristin. »Ich kannte doch meinen Mann. Ich wusste, wie nett und gütig er war. Und dann rastet er plötzlich aus und brüllt wie verrückt. Ich verstehe das nicht!« Noch Jahre später merkte man Kristin an, welche Ängste sie damals ausgestanden hat. »Ich wusste nicht mehr ein noch aus«, fuhr sie fort. »Ich hatte panische Angst, dass er eines Tages mir oder den Kindern etwas antun könnte.«

Kristin suchte daraufhin den Rat eines Priesters, der meinte, dass Hals Wutattacken »dämonisch bedingt« seien. Er erklärte Kristin, dass es solche Phänomene, von denen die Bibel berichtet, auch heute noch gibt und dass Satan offensichtlich versuche, um die Seele ihres Mannes zu kämpfen. Der Priester riet Kristin, sich bei nächster Gelegenheit, das heißt, sobald Hal wieder einmal einen Anfall bekäme, mitsamt den Kindern aus dem Staub zu machen.

Kristin beschloss, diesen Rat ernst zu nehmen, auch wenn sie dafür die nächsten Monate – zumindest innerlich – auf gepackten Koffern sitzen musste. Hal willigte unterdessen ein, sich von seinem Hausarzt gründlich auf eventuelle körperliche Ursachen seiner We-

sensänderung untersuchen zu lassen, aber man fand keine. Er unter-
zog sich auch einer psychiatrischen Therapie, aber das half genauso
wenig. Eines Abends war es dann wieder einmal soweit. Die Kinder
waren an diesem Abend bei Freunden untergebracht und Hal ent-
deckte die Bibel seiner Frau auf der Nachtkommode. Sofort stürzte
er sich darauf, begann, die Seiten einzeln herauszureißen und brüll-
te im Zimmer herum. »Ich konnte in dem Moment schlecht aus dem
Zimmer laufen«, erzählt Kristin und mit Tränen in den Augen fährt
sie fort. »Ich bin dann auf meine Knie gefallen und habe laut geru-
fen: Herr, hilf mir! Hilf auch Hal, und errette ihn!« Sie war dann sehr
erstaunt, dass es plötzlich ruhig wurde und ihr Mann, der in einer
Ecke des Schlafzimmers auf dem Boden kauerte, sich plötzlich
ebenfalls hinkniete und auch rief: »Ja, Herr, rette mich doch!« Hal
kam tatsächlich zum Glauben an Jesus und hatte seither keinen einzigen Anfall mehr. Er erzählte seiner Frau dann von einigen merk-
würdigen spirituellen Erlebnissen, die er in seiner Kindheit gehabt
hatte, und war nun überglücklich, endlich Frieden bei Gott gefunden
zu haben. Inzwischen ist Hals gesamte Familie gläubig und die Ehe
der beiden gerettet.

Bei Mary gab es dagegen kein Happy End. Sie hatte Kurt geheiratet, obwohl sie wusste, dass er nicht gläubig war. Sie dachte damals: *Was nicht ist, kann ja noch werden!* und war davon überzeugt,
ihn bekehren zu können. Was sie nicht wusste, war, dass Kurt nicht
nur gerne trank, sondern bereits Alkoholiker war.

Die beiden hatten fünf Kinder und Mary tat ihr Bestes, um diesen
eine christliche Erziehung zu ermöglichen. Doch Kurts Alkoholismus wurde schlimmer und schlimmer. Er führte dazu, dass Kurt
schließlich seinen Arbeitsplatz verlor und den größten Teil des Tages
betrunken auf dem Sofa lag. Zunächst hatte Mary noch daran geglaubt, dass sich die Situation irgendwann einmal wieder ändern
würde. Sie hatte sogar eine Teilzeitarbeit angenommen, um die Familie wenigstens teilweise ernähren zu können. »Aber irgendwann
hatte ich die Nase voll«, erzählte sie mir. »Kurt ließ sich von seinen
Eltern wie ein Baby behandeln, nahm Geld und Geschenke von ihnen und weigerte sich zu arbeiten und seinen Mann zu stehen. So
konnte es nicht weitergehen. Ich habe ihm dann gesagt: ›Entweder
du gehst oder ich!‹ – woraufhin er umgehend zu Mama zog.«

Das war vor sechs Jahren. Kurt ist immer noch ein Trinker und lebt immer noch bei seinen Eltern. Die Kinder besuchen ihn hin und wieder, nicht unbedingt, weil sie das wollen, sondern vor allem, um dem biblischen Gebot, Vater und Mutter zu ehren, gehorsam zu sein.

Eine Scheidung kommt für Mary nicht in Frage. Sie ist mit der Situation zufrieden, so wie sie ist. Sie vertraut darauf, dass Gott ihr die Kraft gibt, die Kinder zu erziehen. »Ich stehe auf dem Standpunkt, dass ich kein Recht habe, die Scheidung einzureichen, denn Kurt hat es auch nicht getan«, sagt sie. Sie weiß selbst nicht, warum. »Wahrscheinlich hat er nur noch seinen Schnaps im Kopf«, versucht sie sein Verhalten zu erklären. »Die Kinder und ich – wir kommen mit Gottes Hilfe schon zurecht!«

Leider sind die Frauen, die ich Ihnen hier vorgestellt habe, nicht die einzigen, die sich in einer solch traurigen Lage befinden. Jeder Frau, die sich in einer ähnlichen Situation befindet, möchte ich sagen: Sie brauchen und dürfen nicht zulassen, dass Ihr Mann Ihr Leben und das Ihrer Kinder zerstört. Gott hält auch für Sie einen Ausweg bereit. Gehen Sie ihn!

Anmerkungen:
[1] Stanley Ellisen, *Divorce and Remarriage in the Church* (Grand Rapids: Zondervan, 1989), S. 53.
[2] A. a. O., S. 48.

Studienteil

1. Schlagen Sie bitte die folgenden Bibelverse nach und schreiben Sie auf, welches Verhalten dort von einem Ehemann verlangt wird.

a) Sprichwörter 5,15-19:

_____

_____

b) Prediger 9,9:

_____

_____

c) 1. Petrus 3,7:

_____

_____

d) Maleachi 2,14-16:

_____

_____

e) Epheser 5,25:

_____

_____

f) Epheser 5,29:

_____

_____

g) Kolosser 3,19:

_____

_____

h) 1. Timotheus 5,8:

_____

_____

2. Lesen Sie nach, was die folgenden Bibelstellen über das menschliche Herz aussagen, und beantworten Sie anschließend die Fragen:

a) *Deuteronomium 6,5:* Was bedeutet »Herz« in diesem Zusammenhang? Welche Fähigkeit wird hier dem menschlichen Herzen zugeordnet?

_____

_____

b) *2. Chronik 12,14:* Wodurch wird Sünde verursacht?

_____

c) *Psalm 34,18:* Welche Herzenshaltung gefällt Gott?

_____

d) *Psalm 51,12:* Wie kann ein menschliches Herz neu werden?

_____

e) *Psalm 57,8:* Was geschieht, wenn ein Herz ganz auf Gott ausgerichtet ist?

_____

f) *Sprichwörter 4,24:* Wie können wir unser Herz vor Sünde bewahren?

_____

_____

g) *Matthäus 5,8:* Was wird denen verheißen, die ein »reines Herz« haben, und was ist darunter zu verstehen?

_____

h) *Matthäus 15,19-20:* Was steckt nach Jesu Worten im menschlichen Herzen?

_____

i) *Hesekiel 11,19-21:* Was sagt Gott über ein gutes, gehorsames Herz (über ein verhärtetes, ungehorsames)?

_____

_____

j) *Hebräer 4,12:* Welche Rolle spielt das Wort Gottes bei der Reinigung des Herzens?

_____

_____

k) *Exodus 7,13.22; 8,15; 9,12:* Welche Folgen hat es, wenn ein Mensch sein Herz verhärtet?

_____

_____

Kapitel 8

Tips für eine
glückliche Ehe

Ich möchte Ihnen gerne drei Frauen vorstellen, die mit Nichtchristen verheiratet sind. Alle drei sind seit vielen Jahren verheiratet.

Shirley strahlt, wenn sie von ihrem Mann erzählt. Noch vor kurzem sprach sie auf einem christlichen Frauentreffen und sagte dort, dass sie die »erste Vorsitzende des Fan-Clubs ihres Mannes« sei. »Ich hätte keinen besseren bekommen können!«, strahlte sie und wer sie und ihren Mann Andrew kennt, weiß, dass dies nicht nur leere Worte sind – die beiden sind wirklich glücklich verheiratet!

Elaine und David sind seit fünfunddreißig Jahren verheiratet. Sie hatten ihre Krisen, aber wer hat die nicht? Besonders bei der Erziehung der Kinder gab es einige Probleme, aber die sind jetzt aus dem Haus und aus allen ist »etwas geworden«. David hält seine Frau für eine gute Ehefrau und Mutter und hat ihr in geistlichen Dingen immer freie Hand gelassen. Jetzt reisen sie mit dem Wohnmobil durchs Land und genießen ihr Leben. Die beiden sind glücklich verheiratet.

Donna und Ray sind beide fast fünfzig. Donna ist die Einzige in der Familie, die an Gott glaubt; sowohl ihr Mann als auch ihre drei Kinder sind nicht gläubig. Und doch halten die fünf zusammen wie Pech und Schwefel. Sie unternehmen vieles gemeinsam und Donna ist wie ihr Mann ein begeisterter Rennsport-Fan. Für sie bedeutet dies, dass sie im wahrsten Sinne des Wortes oft »auf Achse« ist – auch am Sonntagvormittag. Sie verpasst deshalb manchen Gottesdienst, aber sie tut es aus freien Stücken und ohne sich zu beschweren – Donna und Ray sind glücklich verheiratet.

Warum ich Ihnen dies alles erzähle? Um Ihnen etwas ganz Wichtiges zu verdeutlichen: *Sie können glücklich verheiratet sein, auch wenn Ihr Mann nicht gläubig ist!* Und was genauso wichtig ist: Sie können glücklich verheiratet sein, ohne dabei geistliche Kompromisse einzugehen! Wie dies konkret aussieht, möchte ich Ihnen in dem

nun folgenden Kapitel zeigen. Es geht dabei um einige ganz praktische Tips, um Dinge, die man tun und solche, die man lassen sollte,
wenn man sicherstellen möchte, dass eine Ehe mit einem Nichtchristen glücklich wird. Einiges werden Sie vielleicht aus den vorangegangenen Kapiteln wiedererkennen.

Wir alle suchen das Glück und wir alle glauben und hoffen, es
auch in der Ehe zu finden. Niemand beginnt eine Ehe in der Erwartung eines lebenslangen Unglücks. Dennoch bleibt keine Beziehung
auf dieser Erde von Problemen völlig verschont. Die Beziehung zwischen Gott und Mensch ist durch die Sünde entstellt. Die Bezie-
hungen zwischen Arbeitgeber und Arbeitnehmer leiden unter den
Konflikten, die sich aus den unterschiedlichen Persönlichkeiten und
ihren jeweiligen Anforderungen ergeben. Und die Eltern-Kind-Be-
ziehung wird durch den sogenannten »Generationskonflikt« beeinträchtigt. Und ebensowenig gibt es die vollkommene Ehebeziehung.
Jede Ehe macht irgendwelche Krisen durch, doch dass es solche
kleineren (oder größeren) Krisen gibt, heißt noch lange nicht, dass
eine Ehe schlecht ist.

Charlotte M. Yonge schreibt in ihrem Buch *Goldust* (»Gold-
staub«): »Unter Glück verstehe ich vor allem Zufriedenheit! Ich
möchte das Beste aus meinem Leben machen, so wie es ist. Ich
möchte es verschönern, aber nicht ständig verändern!«[1] Auch für die
Ehefrau eines Nichtchristen kommt es darauf an, dass sie nicht daran
zweifelt, in ihrer Ehe glücklich werden zu können. Statt sich ständig
in Gedanken damit zu beschäftigen, dass ihr Mann nicht an Christus
glaubt, sollte sie sich lieber darauf konzentrieren, was Gott aus ihrer
Situation machen kann und welchen Frieden und welche innere Ge-
lassenheit er ihr gegeben hat. Es geht nicht darum, die Zeit zurück-
zudrehen oder das Leben zu ändern, sondern »das Beste draus zu
machen«. Mit anderen Worten: Die Frau eines Nichtchristen sollte
sich vornehmen, glücklich zu werden, dann wird sie es auch!

Auf die Einstellung kommt es an!

Ob eine Ehe mit einem Nichtchristen eine glückliche Ehe wird oder
nicht, hängt sehr mit der inneren Einstellung der Partner zusammen.

Für die Frau kommt es darauf an, dass sie von vornherein einkalkuliert, dass ihr Mann auf dem »geistlichen Ohr« taub ist (bzw. auf dem »geistlichen Auge« blind!). Dies sollte die Frau ganz realistisch sehen. Andererseits wird der Mann wohl seinerseits davon überzeugt sein, dass seine Frau für die weltlichen Belange, die ihm so wichtig sind, blind ist.

Für ihn ist die Bibel nicht mehr wert als sein Lieblingssachbuch (in dem er ja auch viele praktische Tips findet, vielleicht sogar solche zur persönlichen Lebensgestaltung). Im Zweifelsfall geht er jedoch zehnmal lieber ins Kino als in die Kirche. Unter »Sünde« kann er sich – abgesehen von der »Verkehrssünderkartei« – nicht viel vorstellen und er kann auch nicht verstehen, warum seiner Frau an diesem Thema so viel gelegen ist. Die »Frömmigkeit« oder »Religiosität« der Frau ist für ihn ein verwirrender, manchmal bedrohlicher und stets als vorwurfsvoll empfundener Faktor.

Meiner Erfahrung nach stehen wir Christen in der Gefahr, unsere persönlichen Frömmigkeitsvorstellungen anderen Menschen aufzwingen zu wollen. Gerade Frauen sind oft der Ansicht, sie hätten ein Recht darauf, auch im geistlichen Bereich bestimmen zu dürfen, wo es »lang geht«! Doch auf diese Weise wird die Frau zu einem »wandelnden Vorwurf« und der christliche Glaube erscheint dem Mann einmal mehr als Bedrohung. Ich kann mich noch genau daran erinnern, was mein Pastor mir riet, als mein Mann George gerade zum Glauben gefunden hatte: »Denk immer daran, dass sein geistliches Leben in Gottes Hand ist! Versuche nicht, das Reden Gottes für ihn zu interpretieren; er muss es selbst hören. Bemühe dich vielmehr, ihn zu unterstützen, so gut du kannst, und für ihn zu beten. Aber misch dich auch in geistlicher Hinsicht nicht in seine Angelegenheiten ein!«

Ähnliches gilt auch für den Fall, dass der Ehemann nicht gläubig ist. Auch sein (eventuelles) künftiges geistliches Leben liegt in Gottes und nicht in Ihrer Hand! Kein Mann braucht eine Frau, die ihm Vorschriften macht, in welcher Beziehung auch immer. Beschränken Sie sich darum darauf, Ihrem Mann die Liebe Gottes praktisch vorzuleben.

Vielleicht können auch Sie sich noch an die Zeit erinnern, als Sie selbst noch ungläubig waren. Denken Sie doch einmal daran, wie Sie damals darauf reagierten, wenn ein anderer Mensch versuchte, Sie zu »evangelisieren« oder zu »bekehren«.

Ich weiß noch genau, wie es bei mir war. Ich war an geistlichen Dingen dermaßen uninteressiert, dass für mich jeder wirkliche Christ gleich ein Fanatiker war. Einmal nahmen unsere Töchter an einer christlichen Sommerfreizeit teil. Es war ein Zeltlager und es gab täglich biblische Andachten, »Gespräche über den Glauben« und – wie ich später hörte – Aufforderungen an die jungen Menschen, »ihr Leben Jesus anzuvertrauen«. *Hoffentlich übertreiben die das nur nicht und werden zu religiösen Fanatikern*, dachte ich damals.

Noch ein zweites Erlebnis ist mir im Gedächtnis hängen geblieben. Ich bekam damals einen Brief von meiner Kusine, deren Bruder gerade verstorben war. Sie schrieb in ihrem Brief etwas über den Frieden, den Gott ihr geschenkt hatte, und dass sie sich darauf freue, ihren Bruder im Himmel wiederzusehen. Mir ging dieses »fromme Gewäsch« (wie ich es damals nannte) derart auf die Nerven, dass ich mich über den Brief regelrecht lustig machte. Heute tut mir dies sehr Leid und ich erzähle es Ihnen nur, um Ihnen zu zeigen, dass ein Mensch, der nicht wiedergeboren ist, mit geistlichen Wahrheiten einfach nichts anfangen kann.

Wenn Sie sich dies vor Augen halten, fällt es Ihnen vermutlich leichter, sich in Ihren ungläubigen Mann hineinzuversetzen. Wenn Sie als gläubige Frau versuchen, ihm den Glauben aufzuzwingen, wird er zwangsläufig Widerstand leisten (nicht nur Ihnen, sondern auch Gott!). Aus diesem Grund sollten Sie sich in Glaubensdingen ein wenig zurückhalten. Denn: Dass sich Ihr Mann nicht für die Bibel, Gott und die Kirche interessiert, ist für ihn als Nichtchristen völlig normal.

Probleme gibt es überall – sogar in christlichen Ehen!

Viele christliche Ehefrauen neigen leider dazu, eine christliche Ehe über die Maßen zu idealisieren. Sämtliche Probleme, die sich ergeben, werden auf die Tatsache geschoben, dass der Mann nicht gläubig ist. Doch eine solche Haltung ist völlig falsch und sie entspricht auch nicht der Realität.

In Wirklichkeit haben die meisten der Probleme, die sich in einer »gemischten« Ehe ergeben, überhaupt nichts damit zu tun, dass der Mann kein Christ ist. Der Mensch ist nun einmal nicht vollkommen. Wir alle haben Fehler und Schwächen, haben gute und schlechte Seiten. Und so gibt es auch eine ganze Reihe von christlichen Ehemännern und -frauen, die alles andere als vollkommen sind. Viele unter ihnen sind launisch, unbeherrscht und gehorchen nicht den biblischen Geboten.

In einer solch intimen Gemeinschaft wie der Ehe, wo man auf engstem Raum zusammenlebt und miteinander auskommen muss, ist es doch ganz klar, dass sich auf Grund der unterschiedlichen Persönlichkeiten von Mann und Frau Probleme ergeben. Und oft sind es nicht nur Probleme, sondern regelrechte Krisen. Der Unterschied zwischen einem christlichen und einem »gemischten« Ehepaar besteht lediglich darin, dass in der christlichen Ehe beide Partner vom Heiligen Geist erfüllt sind. Eine christliche Ehe besteht demnach nicht aus vollkommenen Menschen, sondern aus Menschen, die sich vollkommen auf die göttliche Hilfe und Vergebung verlassen.

Maren bekannte mir gegenüber einmal, dass sie früher dazu geneigt habe, alle Probleme, die sie mit Tom hatte, damit zu erklären, dass ihr Mann kein Christ war. Was auch geschah, die Lösung war für sie stets einfach: »So handelt er ja bloß, weil er kein Christ ist!« Dieses Erklärungsmuster führte sie auch an, als Tom eines Tages »explodierte«, nachdem er festgestellt hatte, wie viel Geld seine Frau ausgab. »Ist doch alles für die Mission«, entschuldigte sie sich, doch das ließ ihr Mann nicht gelten.

Als es nicht besser wurde, erklärte ihr Tom eines Tages, er habe kein Vertrauen mehr in ihre »Finanzpolitik« und werde ihr in Zukunft nur noch eine bestimmte Summe Haushaltsgeld zur Verfügung stellen, ihr jedoch nicht länger sein Scheckbuch anvertrauen. Maren war untröstlich und wütend zugleich! »Er selbst wirft das Geld für Bier und Golfplatzgebühren zum Fenster raus und mir macht er Vorwürfe!«, ereiferte sie sich. Mir gegenüber deutete sie an, dass dies mit Sicherheit ein Zeichen der Verfolgung der Christen sei, »die uns ja für die Endzeit prophezeit wird«. Ich bat Maren in aller Ruhe, doch einmal genau aufzuschreiben, wofür sie ihr Geld ausgab. Das Ergebnis überraschte wohl uns beide. Fast ein Drittel des gesamten

Einkommens ihres Mannes wurde völlig ohne Wissen, geschweige denn mit Billigung ihres Mannes ausgegeben. Eine Aufzählung der völlig nebensächlichen Dinge, die dabei waren, möchte ich Ihnen ersparen! Maren sah ihren Fehler glücklicherweise bald ein. »Ich weiß heute, dass ich Toms Unglauben als Entschuldigung für meine Verschwendungssucht benutzte«, gab sie selbstkritisch zu. »Ich war die Ursache für unsere finanziellen Probleme und nicht er!«

Hüten Sie sich also davor, sämtliche Probleme, die Sie in Ihrer Ehe haben, der Tatsache zuzuschreiben, dass Ihr Mann kein Christ ist!

Denken Sie positiv!

Mag sein, dass Ihr Mann kein Christ ist, doch das bedeutet noch lange nicht, dass Gott ihn zur Verdammnis vorherbestimmt hat. Und es bedeutet auch nicht, dass er – menschlich gesehen – ein schlechter Mann ist. Ich habe mich oft mit George, meinem Mann, zusammen darüber unterhalten, was sich in seinem Leben eigentlich nach der Zeit seiner Umkehr geändert hat. George war eigentlich immer ein liebenswerter, charmanter, humorvoller, ehrlicher und verlässlicher Partner (deshalb habe ich ihn ja auch geheiratet!). Das Einzige, das sich geändert hat, seit er Christ ist, ist seine innere Einstellung zu geistlichen Dingen.

Eine christliche Ehefrau sollte positiv denken, das heißt, sich auf das konzentrieren, was ihr an ihrem Mann gefällt, auch wenn er kein Christ ist. Überlegen Sie doch einmal: Was mochten Sie an Ihrem Mann, als Sie beide sich kennen lernten? Wie hat er sich seither entwickelt? Ist er nicht immer noch ein prima Kerl?

Auf meinen Vorträgen bitte ich manchmal die versammelten Frauen, eine Liste der Dinge aufzustellen, die sie an ihren Männern nicht leiden können. Wenn die Liste fertig ist, stelle ich gewöhnlich die Frage: »Was glauben Sie, würde passieren, wenn wir nun alle über die fünf schlimmsten Eigenschaften unserer Männer täglich eine Stunde lang nachdächten?« Meist ernte ich zunächst einmal Heiterkeit, doch wenn das Lachen verklungen ist, sind wir uns eigentlich immer einig, dass ein solches Nachdenken über das Negative uns wohl recht bald an den Rand des Nervenzusammenbruchs bringen würde.

Dann drehe ich den Spieß um und erkläre den Frauen: »So, und nun sehen Sie sich all das Negative, das Sie aufgeschrieben haben, noch einmal an. Beten Sie darüber und geben Sie jeden einzelnen Punkt an Gott ab. Und dann stellen Sie bitte mit derselben Begeisterung eine Liste von positiven Eigenschaften Ihres Mannes auf und konzentrieren sich eine Woche lang täglich auf eine positive Eigenschaft. Sie dürfen Ihren Männern auch gerne Komplimente machen!«

Wenn wir uns dann nach einiger Zeit noch einmal zur Auswertung treffen, kann fast jede der anwesenden Frauen eine Geschichte davon erzählen, wie positiv sich ein solches Denken auf ihre Ehe ausgewirkt hat. Also: Erwarten Sie das Beste von Ihrem Mann und Sie werden es bekommen!

Kein Maskenspiel, bitte!

Die Welt ist voller Schauspieler und Scheinheiligen, voller Männer und Frauen, die das eine sagen und das andere tun, also Menschen, die vorgeben, besser zu sein, als sie sind – Menschen, die vorgeben, fromm oder moralisch zu sein, und es in Wirklichkeit nicht sind.

Im 23. Kapitel des Matthäus-Evangeliums zeigt Jesus unzweideutig, was er von Heuchlern hält. Er nennt sie »blinde Blindenführer«, »weiß angestrichene Gräber«, »Nattern« und »Schlangenbrut«. Immer wieder spricht er von ihnen als »ihr Scheinheilige«. Im Griechischen bedeutet das Wort eigentlich »Schauspieler«. Jesus spricht zu Leuten, für die ihre Frömmigkeit ein großangelegtes Schauspiel ist – für die anderen, aber auch für sie selbst.

Es ist heute nicht anders als damals. Heuchler sind unbeliebt, im politischen wie im religiösen Leben. Es kommt auch für die Ehefrau eines ungläubigen Mannes viel darauf an, dass sie der Versuchung der Heuchelei widersteht und sich in ihrem Leben so gibt, wie sie ist. Fragen Sie sich darum: »Entspricht das, was ich meinem Mann vorlebe, der Bibel?« Neigen Sie vielleicht gelegentlich zum kritischen Beurteilen? Oder gar zum Verurteilen? So etwas kann niemand aus-

stehen, weder Christen noch Nichtchristen. Lassen Sie sich manchmal gehen und werden ungeduldig – zum Beispiel in der Erziehung
der Kinder? Sind Sie überheblich oder sind Sie tatsächlich demütig
und versuchen, Ihrem Mann und Ihren Kindern zu dienen?

Der Apostel Johannes ermahnt uns: »Wer behauptet, ständig
Gemeinschaft mit ihm zu haben, muß so leben, wie Jesus gelebt hat«
(1 Joh 2,6). Nichts weniger darf Ihr nichtgläubiger Ehemann von Ihnen erwarten!

Seien Sie loyal!

Als Bathseba ihrem Sohn Salomo den Rat gab, nach welchen Krite-
rien er seine künftige Frau auswählen sollte, nahm die Treue für sie
den wichtigsten Platz ein. Eine »tüchtige Frau«, so sagte sie (und
war sich wohl darüber im Klaren, wie schwer eine solche Frau zu
finden ist), »ist das kostbarste Juwel, das einer finden kann. Ihr
Mann kann sich auf sie verlassen, sie bewahrt und mehrt seinen Besitz« (Spr 31,11-12). Wir sahen bereits, dass eine solche Art der
Treue über die rein körperliche Treue hinausgeht. Sie umfasst viel
mehr: Ein Mann sollte seiner Frau von ganzem Herzen vertrauen
können, mit seinen Emotionen, seinem Intellekt, seinen Fähigkeiten,
kurz: mit der ganzen Tiefe seines Wesens. Und eine »tüchtige Ehefrau« sollte darauf achten, dass ihr Mann Grund hat, ihr zu vertrau-
en. Sie sollte stets sein Bestes im Sinn haben.

Es gibt kaum etwas, das einer Ehe mit einem Nichtchristen mehr
schadet, als wenn seine Frau diese Tatsache an die »große Glocke«
hängt oder ihren Freundinnen als Gebetsanliegen weitergibt. Ich will
damit nicht sagen, dass eine Frau nicht darüber reden darf, dass ihr
Mann kein Christ ist, aber es kommt bei diesem Reden auf das richtige Maß an! Eine Ehe ist eine ganz intime Gemeinschaft zweier
Menschen, und das gilt auch für den Fall, dass einer der beiden Partner nicht gläubig ist. Die Frau sollte deshalb immer – wenn es sich
nicht um eine ganz besondere Ausnahmesituation handelt – zu ihrem
Mann stehen.

Was bedeutet dies praktisch? Vor allem dies: Die Frau sollte unter
keinen Umständen vor anderen schlecht über ihren Mann reden.

Auch für die christlichen Kreise, in denen die Frau verkehrt, gilt: Wenn das Gespräch auf den Mann kommt, sollten seine besten Eigenschaften im Vordergrund stehen und nicht das »große Problem«, dass er nicht gläubig ist.

Stellen Sie Gott an die erste Stelle!

Kein Zweifel: Die mit einem Nichtchristen verheiratete Frau befindet sich in einer schwierigen Situation. Es wird Zeiten geben, in denen sie zwischen Gott und ihrem Mann wählen muss. Dabei wird sie vermutlich versuchen, sich an das biblische Gebot zu halten: »Gott muss man mehr gehorchen als den Menschen« (Apg 5,29).

Dieser Satz, damals von Petrus und den Aposteln gesprochen, als sie vor dem Hohen Rat um ihres Glaubens willen verhört wurden, hat heute noch dieselbe Verbindlichkeit wie zur Zeit der ersten Christen; danach zu leben, ist allerdings nicht einfach. Schließlich wird eine Frau nicht immer wissen, was Gott von ihr verlangt. Nicht für jede Situation gibt die Bibel eine direkte Antwort. Am besten bemühen Sie sich darum, herauszufinden, wie Sie in einer bestimmten Situation dem Beispiel, das Jesus Christus vorgelebt hat, am besten folgen können. Gibt es Situationen, in denen er mit denselben oder ähnlichen Problemen konfrontiert war wie Sie? Gibt es ein biblisches Gebot, das in Ihrer Lage zu beachten ist? Und: Welche Auswirkung wird Ihre Entscheidung auf Ihren Mann haben?

Gott ist gut – verlassen Sie sich darauf!

Gott hat, wie uns die Bibel berichtet, bestimmte Eigenschaften und die wohl größte und umfassendste davon ist seine Liebe. Alles, was wir tun, sollte vor dem Angesicht dessen bestehen können, der die Liebe und Güte in Person ist. Zu oft verfallen wir in den Fehler, nur uns und unsere scheinbar so widrigen Umstände zu sehen, statt uns völlig auf ihn zu verlassen.

Für die Ehefrau eines Ungläubigen ist es wichtig, dass sie die Eigenschaften Gottes in Beziehung zu ihrer eigenen Situation bringt.

Gott ist souverän. Das bedeutet, dass nichts im Leben der gläubigen Ehefrau geschehen kann, was er nicht bestimmt und zugelassen hat. Wie der Prolog zum Buch Hiob zeigt (vgl. Hiob 1,1-13), muss gewissermaßen alles – auch das Schlimmste – erst einmal »an Gott vorbei«. Als Frau eines Nichtchristen sind Sie also jederzeit hundertprozentig in Gottes Hand und unter seinem Schutz!

Gott ist unveränderbar. »Ich bin, der ich bin!«, sagte der Gott Israels zu Abraham (Ex 3,14). Der Gott, der in der Vergangenheit fähig war, Menschen von ihren Sünden zu erretten, ist genau derselbe Gott, dem Sie heute vertrauen. Er wird Sie als Frau eines Nichtchristen mit derselben Zuverlässigkeit führen und beschützen, mit der er jeden anderen Christen auch umgibt.

Gott ist allgegenwärtig. Er ist bei Ihnen, auch in den Situationen und »Szenen« Ihrer Ehe, denen Sie am liebsten umgehend entfliehen würden. Er wird Sie niemals verlassen, wo immer Sie sich auch befinden.

Gott ist allmächtig. Er steuert und kontrolliert sämtliche Lebensbereiche, in denen Sie sich befinden. Er sprach und es wurde. Es wurde eine ganze Welt. Seine Macht ist unbegrenzt, unendlich, ewig. Gott steht über allen Dingen – und auch über allen Mächten! Er ist der Herr auch im Gebiet des Feindes (vgl. Eph 6,10-17). Er tut, was ihm gefällt, und er tut es, wann es ihm gefällt.

Gott ist absolut gerecht. Er ist ein unparteiischer Richter. Seine Entscheidungen sind – anders als menschliche Entscheidungen – niemals von Macht- oder persönlichen Interessen beeinflusst. Gott ist absolut fair und was er bestimmt, ist zu Ihrem Besten (Röm 8,28).

Gott ist Liebe. Wenn Sie sich an ihn wenden und ihm von Ihren Nöten erzählen, von Ihren Versagensängsten und Ihrem Gefühl, nicht angenommen zu sein, wird er seine Arme ausbreiten und Sie liebevoll umarmen. In der Bibel begegnet uns ein Gott voller Mitgefühl, der nicht über unseren Schwachheiten steht, sondern mit ihnen leidet (vgl. Hebr 4,15).

Gott ist gnädig. Wenn wir am Ende unserer Kraft angekommen sind, erbarmt er sich über uns, wie ein Vater mit seinen Kindern Erbarmen hat (Ps 103,13).

Gott ist treu. Auf ihn können wir uns verlassen. Er hat Maßstäbe gesetzt, die ewige Gültigkeit besitzen. Er hält die Versprechen, die er gegeben hat. Er ist immer noch da, auch wenn alles andere um uns herum zusammenbricht.

Gott ist weise und allwissend. Niemals wird er seine Macht und seine Position missbrauchen. Er hat den Überblick und er weiß immer, was zu tun ist. Er weiß Dinge, die wir niemals erfahren werden, und er ist als unser Vater sehr viel besser in der Lage, über unser Leben zu bestimmen, als wir selber es sind.

Schließlich und endlich ist Gott geduldig. Aus diesem Grunde übersieht er (willentlich, nicht versehentlich) vieles, das wir, gerade als Frauen, an unseren Männern »unerträglich« finden. Weil Gott geduldig ist, fällt er auch bei ungläubigen Ehemännern nicht »mit der Tür ins Haus«, sondern klopft leise an und wartet, bis ihm geöffnet wird (Offb 3,20).

Weil Gott ewig ist, ist der Zeitaspekt für ihn längst nicht so wichtig wie für uns. Wir wollen immer alles sofort, aber Gott hat Zeit, sehr viel Zeit. Schließlich hat er die Zeit erschaffen. Von Hast und Eile hat er nichts gesagt.

Jede mit einem ungläubigen Mann verheiratete Frau sollte sich diese göttlichen Eigenschaften immer wieder vor Augen halten. Die ganze Familie ist in der Hand des unendlichen, liebenden Gottes. Zufall gibt es nicht! Was uns zufällt, gibt uns Gott. Die Frau eines Nichtchristen hat also allen Grund, glücklich zu sein!

Anmerkungen:

[1]   Charlotte M. Yonge, *Goldust*, In: *Something to Live By*, Dorothea S. Kapplin (Hg.). Garden City: Doubleday, 1945.

Studienteil

1. Schlagen Sie die folgenden Verse nach und fassen Sie den Hauptgedanken zusammen, indem Sie die folgenden Sätze beenden:
   a) Die Ehefrau eines Nichtchristen hat die Möglichkeit, glücklich zu werden, wenn sie …
   1. Psalm 128,1-2:
   _____
   _____

   2. Psalm 146,5:
   _____
   _____

   3. Sprichwörter 3,13:
   _____
   _____

   4. Matthäus 5,3:
   _____
   _____

   5. 1. Petrus 3,14:
   _____
   _____

   b) Ein Ungläubiger kann Gott nicht verstehen, weil …
   1. Römer 10,3:
   _____
   _____

   2. Römer 8,7:
   _____
   _____

   c) Auch eine Frau, die mit einem Nichtchristen verheiratet ist, kann Unterordnung praktizieren, wenn sie …

1. 1. Korinther 10,31-33:

2. Galater 5,16:

3. Epheser 4,1-3:

4. Epheser 5,2:

d) Eine Haltung verdient Respekt, die ...
1. Sprichwörter 31,30:

2. Prediger 5,3:

3. Matthäus 20,26:

4. Philipper 2,3-4:

e) Probleme haben auch ihr Gutes, denn sie ...
1. Prediger 7,3:

2. Römer 5,3-4:

3. Jakobus 1,2-4:

4. 1. Petrus 1,7:

_____

_____

2. Zählen Sie fünf Eigenschaften auf, die Sie an Ihrem Ehemann
   schätzen:

a) _____

b) _____

c) _____

d) _____

e) _____

3. Sie sollten ihn für seine guten Eigenschaften loben, denn ...
   a) Sprichwörter 15,4:

   _____

   _____

   b) Sprichwörter 16,24:

   _____

   _____

   c) Sprichwörter 15,23:

   _____

   _____

4. Lesen Sie aufmerksam Sprichwörter 31,10-31 und führen Sie
   (mindestens) zehn Eigenschaften einer guten Ehefrau auf:

a) _____

b) _____

c) _____

d) _____

e) _____

f) _____

g) _____

h) _____

i) _____

j) _____

Kapitel 9

Bloß nicht! –
Beziehungsprobleme vermeiden

Ist Ihnen auch aufgefallen, wie viel in letzter Zeit über die »Kraft des positiven Denkens« geredet und geschrieben wird? Ich möchte den Spieß einmal umdrehen und von der »Kraft des negativen Denkens« sprechen. Sie ahnen schon, dass ich damit nichts eigentlich Negatives meine. Mir geht es nur darum, dass es ganz wichtig ist, bestimmte Dinge *nicht* zu tun. Anders ausgedrückt: Wer beizeiten typische Fehler ablegt, hat mehr von seiner Ehe.

Der Bibel ist der Gedanke eines solchen Verzichts nicht fremd. Denken Sie nur einmal an den Verzicht, den König David im ersten Psalm fordert: »Wie glücklich ist ein Mensch, der sich *nicht* verführen läßt von denen, die Gottes Gebote mißachten, der *nicht* dem Beispiel gewissenloser Sünder folgt und *nicht* zusammensitzt mit Leuten, denen nichts heilig ist. Wie glücklich ist ein Mensch, der Freude findet an den Weisungen des Herrn […]« (Ps 1,1-2; Hervorhebung der Autorin). Auch fordern acht der zehn Gebote einen Verzicht. Hier heißt es dann: »Du sollst nicht …« (andere Götter neben Gott haben, Götzen verehren, den Namen des Herrn missbrauchen, morden, die Ehe brechen, stehlen, Unwahres sagen und versuchen, etwas zu bekommen, das einem Mitmenschen gehört).

Wer beizeiten auf Dinge verzichtet, die einer Ehe schaden, wird Segen ernten. Was ich mit diesen »Dingen« meine, wird im Folgenden deutlich werden.

Verzichten Sie auf »Kommunikationsbarrieren«!

Ich erwähnte bereits, dass es nicht die Aufgabe der mit einem Nichtchristen verheirateten Frau sein kann, ihren Mann mit Worten zu überhäufen, ihn »anzupredigen« (vgl. 1 Petr 3,1). Dies wäre ein schwerwiegendes Kommunikationshindernis, aber es ist nicht das einzige, vor dem sie sich hüten muss. Eine Ehe ist eine intime Beziehung zweier Menschen, die nicht nur den Intellekt und die Emotionen umfasst, sondern in der zwei Menschen ihre Ansichten, Bedenken, Gefühle und Erwartungen frei austauschen können.

In einer solch engen Gemeinschaft kann es sich jedoch auch zur Kommunikationsbarriere ausweiten, wenn eine Frau die Aufforderung, ihren Mann »nicht durch Worte« zu gewinnen, zu extrem interpretiert. Dass Sie Ihren ungläubigen Partner nicht »evangelisieren« sollen, heißt ja noch lange nicht, dass Sie die Themen »Gott« und »Kirche« ihm gegenüber niemals erwähnen dürften. Schließlich ist Ihr Glaube an Gott ein Teil Ihres Lebens (und wahrscheinlich sogar der wichtigste) und es wäre daher völlig unnatürlich, wenn Sie diesen Bereich aus Ihren Gesprächen ausklammern würden.

Kommunikation ist eine Kunst – und es ist eine Kunst, die man erlernen kann. Mir selbst hat in dieser Beziehung eine alte Freundin geholfen, die bereits seit 43 Jahren (!) mit einem Nichtchristen verheiratet ist. »Mach die Augen auf und hör gut zu!«, war ihr bester Rat.

Was meinte sie damit? Sie meinte, dass ich meinen Mann, bevor ich ihm irgendetwas »Frommes« erzählen wollte, erst einmal aufmerksam ansah. War er überhaupt aufnahmebereit für ein solches Thema? Signalisierte der Ausdruck seiner Augen Ablehnung oder Hörbereitschaft? Und wenn ich etwas sagte, sollte es darüber hinaus mit viel Liebe geschehen und ich sollte darauf achten, was mein Mann (oder eine andere Person, mit der ich über das Thema »Glauben« sprach) entgegnete – egal, ob es nun etwas Negatives oder etwas Positives war.

Hinzufügen möchte ich noch, dass die Ehefrau eines Nichtchristen stets daran denken sollte, dass ein Konflikt als solcher nicht unbedingt schädlich ist. Kommunikation ohne Konflikte ist geradezu unmöglich. Vielleicht haben auch Sie schon einmal den weisen Spruch der Ehefrau von Billy Graham gehört, die gesagt hat:»Wenn in einer Ehe beide Partner einer Meinung sind, ist einer von ihnen überflüssig!« Es kommt nicht darauf an, dass Sie mit Ihrem Mann keinen Konflikt austragen; es kommt nur darauf an, *wie* Sie das tun.

»Eisen wird mit Eisen geschärft, und ein Mensch bekommt seinen Schliff durch Umgang mit anderen«, heißt es in den Sprichwörtern Salomos (Spr 27,17). Dieser wusste genau, dass ein Streitgespräch – in richtiger Weise geführt – nichts Schlechtes ist. Konflikte werden oft von Gott dazu benutzt, um uns zu erziehen und im Glauben wachsen zu lassen, denn wo zeigt es sich besser, wie reif ein Christ ist, als in der Art und Weise, wie er auf Streit reagiert und eine Konfliktsituation meistert?

Norman Wright schreibt in seinem Buch »Wenn zwei sich gut verstehen«: »Was eigentlich sind Auseinandersetzungen? Gewöhnlich denkt man bei dem Wort an Schlachtfelder und Kriege. Das trifft nicht immer zu [...]. Wenn Auseinandersetzungen kommen, sollte man ihnen mit dem Wissen begegnen, daß das nicht heißt, die ganze Beziehung sei zum Scheitern verurteilt.«[1]

Jeder Mensch ist ein Individuum. Gott hat die Menschen unterschiedlich erschaffen. Es gibt zwar eineiige Zwillinge, aber es gibt auf der ganzen Welt keine zwei Menschen, die sich völlig gleichen. Ebenso hat jeder Mensch seine eigenen Ansichten und Denkweisen. Daraus folgt zwangsläufig, dass es in einer Ehe zu Meinungsverschiedenheiten kommen wird und muss. Wenn dies schon für eine »normale« Ehe gilt, wie viel mehr dann für eine solche, in der es bereits durch den unterschiedlichen Glauben der Partner Probleme gibt. Denken Sie darum in Konfliktsituationen nicht: »Er hat mal wieder Unrecht (und ich – wie immer – Recht)!«.

Wie sieht nun eine Form der Kommunikation aus, die Gott gefällt? Ihre Grundsätze beschreibt Paulus in seinem Brief an die Gemeinde in Ephesus: »Laßt ja kein giftiges Wort über eure Lippen kommen! Seht lieber zu, daß ihr für die anderen, wo es nötig ist, ein gutes Wort habt, das weiterhilft und denen wohltut, die es hören« (Eph 4,29).

Können Sie sich eine bessere »Gebrauchsanweisung« für eine gute Kommunikation vorstellen? Sie zeigt verschiedene Voraussetzungen auf, an die wir uns halten sollten, wenn unsere Gepräche nicht ins Leere gehen sollen:

Erstens sollte unser Reden nicht »faul« sein, sondern rein und lauter, ehrlich und offen. Zweitens sollte das, was wir sagen, unseren Mitmenschen nicht verletzen, sondern aufbauen und ihm zum Guten dienen. Drittens sollten wir darauf achten, das rechte Wort zur rechten Zeit zu sagen. Es gibt Dinge, die müssen einfach einmal gesagt werden, aber das sollte nicht »zwischen Tür und Angel« geschehen. Viertens sollte das, was wir sagen, den Hörern »wohl tun«, das heißt, es sollte positive Auswirkungen haben.

Wenn Sie sich an diese Regeln halten, müsste es Ihnen eigentlich möglich sein, mit Ihrem Mann über alles (oder fast alles) zu sprechen – zu gegebener Zeit und mit sanften Worten. Die einzige Ausnahme, die Gott zu dieser Regel zulässt, betrifft den geistlichen Bereich. Da ein ungläubiger Ehemann geistliche Zusammenhänge nicht versteht, ja gar nicht verstehen kann, sollte die Frau in diesem Fall nicht Worte, sondern Taten sprechen lassen.

Meiner Überzeugung nach schiebt Gottes Wort uns Frauen diesen Riegel vor, damit wir nicht der Versuchung erliegen, uns über unsere Männer zu erheben und stolz zu werden.

Auch »geistlicher Stolz« ist eine Sünde!

Einer der wichtigsten Sätze zu diesem Thema, die der Apostel Paulus in seinen zahlreichen Briefen geschrieben hat, steht nach meiner Überzeugung im 1. Brief an die Gemeinde in Korinth: »Wir alle haben ›Erkenntnis‹. Aber Erkenntnis allein macht überheblich. Nur Liebe baut die Gemeinde auf« (1 Kor 8,1). Wie leicht verfallen doch gerade Christen in geistlichen Stolz! Wie oft sind wir insgeheim fest davon überzeugt, dass unsere Interpretation der Bibel richtig ist und die unserer Mitchristen falsch. Besonders gefährlich wird es, wenn jemand die Bibel gar nicht interpretieren kann, weil er sie nicht kennt. Sie ahnen schon, was das für die Ehefrau eines Nichtchristen bedeutet: In geistlicher Hinsicht hat sie (so meint sie zumindest) immer Recht! Doch überlegen Sie einmal, wie Ihr Mann eine solche »geistliche Rechthaberei« empfindet. Sicher als demütigend und verletzend!

»Ich muss ja zugeben, dass ich in dieser Beziehung so ziemlich alles falsch gemacht habe, was man falsch machen kann!«, gab Jenny mir gegenüber selbstkritisch zu. »Schließlich war ich davon überzeugt, dass die Bibel all unsere Fragen beantwortet und uns zu jeder Lebenssituation eine Richtlinie gibt. Und das habe ich meinem Mann bei jeder passenden und unpassenden Gelegenheit vorgehalten! Ich weiß noch genau, wie wir eines Sonntagnachmittags Besuch hatten und es um die Nahost-Krise ging. Nachdem wir uns die Köpfe heiß geredet hatten, war es irgendwann Zeit für unsere Freunde zu gehen. Doch bevor sie sich verabschiedeten, nahm mich meine Freundin kurz zur Seite und fragte mich, ob sie mir auch etwas Kritisches sagen dürfte. ›Na klar, schieß los!‹, sagte ich selbstbewusst. Doch ich war nicht darauf gefasst, was dann kam. ›Wie kommst du eigentlich dazu, deinen Mann derart herablassend zu behandeln?‹, fragte sie mich gerade heraus. ›Wir haben über eine Stunde lang diskutiert und du hast jedes seiner Argumente in der Luft zerrissen, weil es angeblich nicht mit deiner Interpretation der Bibel über die Endzeit übereinstimmte!‹«

Jenny sagte mir, sie wäre damals am liebsten in Tränen ausgebrochen. Sie ging in den folgenden Tagen selbstkritisch in sich und begann umzudenken. »Ich bin nur froh, dass Roger nicht gemerkt hat, dass ich versucht habe, seine Ansichten gegen die Bibel auszuspielen. Auf diese Weise gab er wenigstens mir die Schuld und nicht Gott! Ich habe dann sehr bald erkannt, dass ich ein unheimlich stolzer und selbstgerechter Mensch bin, und ich hoffe und bete, dass mir das nicht noch einmal passiert!«

Die Ehefrau eines Nichtchristen sollte nie vergessen, dass sie genauso wie ihr Mann auch ihre Fehler hat. Der einzige Unterschied ist der, dass ihr die Sünden vergeben wurden und ihr Mann diese Vergebung noch nicht angenommen hat.

Verzichten Sie darauf, dogmatisch zu sein!

Der wichtigste Rat, den ich Ihnen im Zusammenhang mit »geistlicher Überheblichkeit« geben kann, ist der, auf jeglichen überflüssigen Dogmatismus zu verzichten. Ich weiß aus eigener Erfahrung, wie schwer uns Christen dies oftmals fällt, aber es ist sehr wichtig.

Vor einiger Zeit nahm ich an einem Gottesdienst teil, in dem der Pastor etwa Folgendes sagte: »Was ist eigentlich das Wichtigste am christlichen Glauben? Doch eigentlich nur die Tatsache, dass ein Mensch an den Herrn Jesus Christus glauben muss, um errettet zu werden. Alles andere ist neben diesem persönlichen Glauben neben-

sächlich.« Wie Recht er hat! Was gibt es nicht alles für Glaubens-
richtungen und Überzeugungen! Die eine Gemeinde hält es für wichtig, Kinder zu taufen, die andere vertritt die Erwachsenentaufe. Die
einen wollen, dass ein Mensch bei einer Veranstaltung nach vorne
geht und seinen Glauben öffentlich bekennt, und die anderen sagen,
dies sei eine Sache des Herzens. Die einen halten sich an die Schrift-
auslegung Luthers, die anderen an die Calvins. Es gibt Puritaner und
Pietisten, Charismatiker und Baptisten. Zwar kann sicher jede dieser
Richtungen ihre Ansichten biblisch begründen, aber Hauptsache ist
der Glaube an Christus als den Erlöser – und Dogmatismus hat nun
einmal eine zerstörerische Wirkung.

Sue Ellen weiß ein Lied davon zu singen, was Dogmatismus
anrichten kann. Jahrelang hatte sie für die Umkehr ihres Mannes gebetet. Und tatsächlich, eines schönen Tages, deutete Rick (ohne jeglichen Druck von Seiten seiner Frau) an, dass er Lust habe, sie in den
Gottesdienst zu begleiten. Leider predigte der Pastor an jenem Morgen über »die Gabe des Gebens« und sagte einiges über die alttesta-
mentliche Forderung, den sogenannten »Zehnten« zu geben. »Eine
reine Bettelpredigt!«, war Ricks Reaktion. Für Sue Ellen brach daraufhin fast eine Welt zusammen. Sie redete mit Engelszungen auf
ihren Mann ein, erklärte ihm, dass der Pastor dieses Thema äußerst
selten anschneide – nur eben gerade heute – und dass er außerdem
Recht habe. »Ich weiß noch, wie ich sofort in Verteidigungshaltung
ging«, erzählte Sue Ellen. »Ich bat ihn inständig, doch nur noch ein
einziges Mal mitzukommen, weil ja schließlich alle meine Freunde
und Bekannten auch in diese Gemeinde gingen, aber er winkte ab.«

Nach einiger Zeit – und vielen Gebeten – änderte Sue Ellen jedoch ihre Meinung. »Der Heilige Geist machte mir ziemlich klar,
dass ich überreagiert hatte«, berichtete sie mir. »Schließlich ging es
nicht um eine Mitgliederwerbung, sondern um den Glauben. Statt
mich zu freuen, dass Rick überhaupt bereit war, eine Kirche zu besuchen, ärgerte ich mich darüber, dass er gerade diese eine nicht moch-
te.« Die beiden besuchten schließlich eine andere Gemeinde und Sue
Ellen musste einsehen, dass ihre und Gottes Vorstellungen über die
»richtige Gemeinde« wohl nicht identisch waren.

Weil er so wichtig ist, möchte ich diesen Grundsatz hier noch einmal wiederholen: Ob Ihr Mann Ihnen in *Ihre* Kirchengemeinde folgt

oder eine andere vorzieht, ist völlig nebensächlich! Wichtig ist nicht eine bestimmte dogmatische Richtung, sondern der persönliche Glaube an Christus und die Mitgliedschaft in (irgend)einer Kirche, die man als »bibeltreu« einstufen kann.

Wenn eine christliche Ehefrau aufgeschlossen und nicht gesetzlich ist, wird ihr Glaube für ihren Mann viel einladender und weniger bedrohlich sein.

Verzichten Sie darauf, die Rolle Gottes übernehmen zu wollen!

Eine aufmerksame Ehefrau wird sich stets bemühen, als Christin nicht der Versuchung zu erliegen, Gott (vielleicht auch nur unbewusst) Vorschriften machen zu wollen. Es ist Gottes Sache, ob und wann er Ihren Mann zum Glauben finden lässt, und nicht Ihre! Wer sich als Ehefrau eines Ungläubigen diesen Satz zu Herzen nimmt, kann sich viele Enttäuschungen ersparen.

Monika war in dieser Hinsicht ein Negativ-Beispiel. Sie entwickelte immer wieder neue Ideen, wie sie ihren Mann mit christlichem Gedankengut konfrontieren könnte. Mal ließ sie christliche Bücher herumliegen, in der Hoffnung, dass ihr Mann sie lesen würde. Und damit er auch immer genau wusste, worauf es ihr ankam, fand sich an der entsprechenden Stelle ein Lesezeichen (wenn sie nicht sogar aufgeschlagen war!). Wenn die beiden gemütlich zusammensaßen, fragte sie ihn, ob er etwas dagegen habe, wenn sie eine Cassette höre. Sie ahnen wahrscheinlich, was auf diesen Cassetten zu hören war: die neuesten Vorträge ihres Lieblingspredigers. Und wenn die Gemeinde einen »Offenen Gottesdienst« oder ein »Picknick für jedermann« organisierte, fragte Monika stets mit ihrem strahlendsten Lächeln: »Du kommst doch mit, Schatz, oder?«

Diese »Evangelisationsmethode« hatte nur einen einzigen Fehler: Sie funktionierte nicht. Im Gegenteil: Die Bücher wurden geflissentlich übersehen, die Tonbänder ignoriert und die Gemeindeveranstaltungen achselzuckend übergangen. Und wenn Monikas Mann einmal auf eine Predigt einging, dann nur, um sich über den betreffenden Pfarrer lustig zu machen. Dass Monika darüber ziemlich frustriert war, kann man sich vorstellen. Später schlug die Frustration dann in

Depression um und Monika wusste noch nicht einmal, was sie falsch gemacht hatte.

Erinnern Sie sich an das, was ich über 1. Korinther, Kapitel 7 sagte? Paulus meint in diesen Versen nicht nur, dass die Frau den ungläubigen Mann unter gewissen Umständen »entlassen« darf, sondern der Apostel macht noch eine weitere Aussage, die in unserem Zusammenhang ganz wichtig ist: »Weißt du denn, Frau, ob du deinen Mann zum Glauben führen und dadurch retten kannst?« (1 Kor 7,16). Dies bedeutet doch, dass eine Frau niemals mit Sicherheit wissen kann, ob Gott sie als Mittel zur Rettung ihres Ehemanns benutzt. Dass die Bibel es einem ungläubigen Ehemann erlaubt zu gehen, wenn er unbedingt möchte, zeigt, dass es auch Fälle geben kann, in denen ein Ehemann nicht gerettet wird. Menschen wie Monika müssen sich deshalb die Frage stellen: »Wer glaubst du, dass du bist, Mensch? Glaubst du im Ernst, das erreichen zu können, was nur der Heilige Geist erreichen kann?«

Eine andere meiner Bekannten – ich nenne sie hier Marion – erzählte mir, nachdem ihr 37. Hochzeitstag vorbei war: »Ich habe immer sehr unter der Möglichkeit gelitten, dass Frank den Weg zu Gott vielleicht nicht findet und ich mich dann der Tatsache stellen muss, dass er von Gott verdammt und die Ewigkeit getrennt von ihm verbringen wird. Was habe ich auf ihn eingeredet, aber es hat alles nichts genutzt. Irgendwann war ich mir dann nicht mehr so sicher, ob ich überhaupt noch etwas sagen sollte. Ich nahm mir dann vor, meinen Mund zu halten und nur noch zu versuchen, ihm eine gute Ehefrau zu sein und ihm meinen Glauben praktisch vorzuleben.

Ich habe wie eine Weltmeisterin für ihn gebetet, aber bekehrt hat er sich immer noch nicht. Und ich weiß nicht, ob er es jemals tun wird. Ich muss die Sache letztlich Gott überlassen.« Marion wies auch darauf hin, wie wichtig sie es findet, dass eine Ehefrau nicht immer nur für die Bekehrung ihres Mannes lebt. »Nachdem Frank mir sagte, er könne sich nicht vorstellen, jemals so zu glauben wie ich, fand ich mich schließlich mit dem Gedanken ab. Trotzdem versuche ich weiterhin, ein schönes Eheleben mit ihm zu führen, damit ich später einmal gute Erinnerungen daran habe ...«

Als sich Marion schließlich mit ihrer Rolle zufrieden gab, fand sie ihren Frieden über dem »Ist-Zustand«, in dem sie lebte. Vor allem versuchte sie nicht länger, Frank den christlichen Glauben aufzuzwingen. Sie verzichtete darauf, eine Rolle zu spielen, die nur Gott zusteht.

Verzichten Sie darauf, Gnade ohne Gerechtigkeit zu erwarten!

Schließlich möchte ich meine Leserinnen noch ermahnen, nicht vorschnell zu erwarten, dass Gott die bewusste Entscheidung, einen Nichtchristen zu heiraten, im Nachhinein »schon irgendwie« segnen werde. Nein, Gott fordert und erwartet von uns Menschen Gehorsam und ein Mensch, der sich dem widersetzt, muss die Konsequenzen dafür tragen. Diese »Bestrafung« ist jedoch auch ein Schritt im geistlichen Wachstumsprozess, in Zukunft gehorsamer zu sein.

Für den Moment ist eine solche göttliche Erziehungsmaßnahme meist alles andere als angenehm: »In dem Augenblick, in dem wir gestraft werden, bereitet uns das nicht Freude, sondern Schmerz. Aber später bringt es denen, die durch diese Schule gegangen sind, als Frucht Frieden und die Annahme bei Gott« (Hebr 12,11). Sehen Sie deshalb das Unangenehme, das Sie im Zusammenhang mit Ihrer Ehe ertragen müssen, auch unter diesem Gesichtspunkt. Gott erzieht Sie! Er möchte aus einem »geistlichen Kind« einen geistlichen Erwachsenen machen.

Wichtig ist nur, dass Sie als Frau diese Erziehung und Korrektur auch annehmen und sich nicht innerlich dagegen sträuben: »Mein Sohn, wehre dich nicht, wenn der Herr dich hart anfaßt; werde nicht unwillig, wenn er dich ermahnt« (Spr 3,11). Verlegen Sie sich also nicht aufs Meckern und Murren, sondern denken Sie als Ehefrau eines ungläubigen Mannes einmal darüber nach, ob die »Strafmaßnahme« Gottes nicht doch ein Segen für Ihre Persönlichkeitsentwicklung und auch für Ihre Ehe ist.

Halten Sie sich auch immer vor Augen, dass Gott keine Freude daran hat, Ihnen Leid zuzufügen, weil Sie ihm ungehorsam waren, und dass er nicht der Urheber der Sünde ist.

»Ich bin ja selber schuld!«, gab Connie kleinlaut zu. »Schließlich wusste ich, dass Steve öfters mal einen über den Durst trank. Und ich wusste auch, dass er attraktiven Frauen stets hinterher pfiff. Ich habe das nur alles verdrängt und darauf gehofft, dass sich diese Unarten im Laufe der Zeit legen. Dass jetzt so viel schief läuft, ist nicht Gottes Fehler. Gott hat mich nur unsanft daran erinnert, dass er es sehr ernst meint mit seinen Geboten, und ich glaube, ich habe diese Lektion jetzt endlich gelernt.«

Ein letzter Rat, den ich Ihnen deshalb geben möchte, lautet: Verzichten Sie darauf, sich der Erziehung Gottes entgegenzustellen! Wenn Sie dies beherzigen – zusammen mit den anderen »Verzichtserklärungen«, die ich in diesem Kapitel erwähnt habe –, werden Sie es zwar nicht immer leicht haben, aber in der Nähe und Abhängigkeit Gottes erfahren, dass denen, die ihn lieben, »alles zu ihrem Heil dienen« muss (Röm 8,28).

Anmerkungen:
[1]   H. Norman Wright, »Wenn zwei sich gut verstehen ... Kommunikation – der Schlüssel für eine glückliche Ehe«, Asslar: Verlag Schulte & Gerth, 1994⁴, S. 107-108.

Studienteil

1. Lesen Sie bitte Esther 5,1-8; 7,1-4. In diesen Versen teilt die Königin ihrem Mann ein wichtiges Anliegen mit. Welche sechs Charaktereigenschaften zeigt die Königin durch ihr Verhalten?

a) _____

b) _____

c) _____

d) _____

e) _____

f) _____

2. Was können Sie aus den folgenden Bibelstellen über Kommunikation lernen?

a) Psalm 12,1-4:

_____

b) Psalm 19,14:

_____

c) Psalm 39,1:

_____

d) Psalm 59,13:

_____

e) Psalm 64,11:

_____

f) Psalm 141,3:

_____

g) Sprichwörter 4,24:

_____

h) Sprichwörter 10,31-32:

_____

3. Wie hoch Ihr Intelligenz-Quotient (IQ) ist, wissen Sie vielleicht. Aber wissen Sie auch, was für einen »Kommunikations-Quotienten« (CQ) Sie haben? Versuchen Sie, sich anhand der folgenden Fragen auf einer Skala zwischen »1« (»sehr schlecht«) und »10« (»hervorragend«) einzuordnen. Die Bibelstellen sollen Ihnen dabei behilflich sein, eine realistische Antwort zu finden.

Bewertung:

a) In unserer Ehe bete ich oft für Weisheit und Unterscheidungsvermögen (Jak 1,5).   _____

b) Ich höre meinem Mann aufmerksam zu.   _____

c) Ich weiß, wofür er sich interessiert und wofür sein Herz schlägt.   _____

f) Ich ziehe keine voreiligen Schlüsse und lasse meinen Mann ausreden (vgl. Spr 29,20).   _____

g) Ich bin ihm gegenüber offen und ehrlich und lasse ihn an meinen Gedanken und Gefühlen Teil haben.   _____

h) Ich respektiere es auch, wenn er einmal nichts sagt.   _____

i) Ich bemühe mich, den Gefühlen und Bedürfnissen meines Mannes gegenüber sensibel zu sein.   _____

k) Wenn ich anderer Meinung bin als er, sage und begründe ich das.   _____

l) Ich denke erst und rede dann (vgl. Spr 18,13; 15,28).   _____

m) Ich mache ihm öfters ein Kompliment und bemühe mich darum, ihn nicht übermäßig zu kritisieren (vgl. Spr 16,24).   _____

Gesamtsumme: ═══════════

4. Inwieweit sind Sie geistig flexibel? Bewerten Sie sich wiederum auf einer Skala von eins bis zehn.

Bewertung:

a) Ich bin offen für neue Gedanken und prüfe alles, was mir in dieser Hinsicht angeboten wird. _____

b) Ich unterscheide zwischen (objektiven) Fakten und (subjektiven) Meinungen. _____

c) Ich bin bereit, Neues zu lernen und umzudenken, auch wenn ich mich dabei selbst in Frage stellen muss. _____

d) Ich bin in meinen Bewertungen und Entscheidungen stets fair. _____

Gesamtsumme: _____

Kapitel 10

Der »etwas andere« Arbeitskreis

E s ist offensichtlich, dass die Ehefrauen von Nichtchristen in einigen Bereichen mit anderen Problemen konfrontiert werden als ihre Mitchristinnen, die mit gläubigen Männern verheiratet sind. Zwar haben alle Ehen etwas gemeinsam, doch nur in einer christlichen Ehe versucht der Mann, dem göttlichen Gebot zu gehorchen, seine Frau so zu lieben, »wie Christus die Gemeinde geliebt hat« (Eph 5,25). Auch das Gebot, die Frau wie den eigenen Körper zu lieben (vgl. Eph 5,28), kann nur jemand befolgen, der Christus als Herrn und Erlöser in sein Leben aufgenommen hat. Christliche Ehemänner sind Gott dafür verantwortlich, wie sie ihre Frauen behandelt haben und ob sie dem Gebot gehorsam gewesen sind: »[…] Seid rücksichtsvoll zu euren Frauen! Bedenkt, daß sie der schwächere Teil sind. Achtet und ehrt sie […]« (1 Petr 3,7). Gott wird jeden christlichen Ehemann danach beurteilen, ob er für seine Frau gesorgt und ob er das gemeinsame Gebet nicht vernachlässigt hat (vgl. 1 Petr 3,7).

Im Gegensatz zu einem *christlichen* Ehemann weiß ein *nichtgläubiger* Ehemann von all diesen Geboten nichts. Er wird von weltlichen Vorstellungen und Idealen beherrscht und nicht vom Heiligen Geist. Dass dies auch auf seine Ehe tiefgreifende Auswirkungen haben muss, liegt auf der Hand. Schließlich fehlt der »Faktor Gott« im Leben eines Nichtchristen völlig. So nett, moralisch und ehrlich dieser Mensch auch sein mag – er ist nicht wiedergeboren und er ist, geistlich gesehen, tot. Dieser Zustand hat natürlich auch Konsequenzen für das Leben der Frau. Es ist eine Last, an der sie oftmals schwer zu tragen hat.

Doch die Frau ist nicht allein und sie muss auch diese schwere Last nicht allein tragen. Die christliche Ehefrau gehört zur christlichen Gemeinschaft, dem »Leib Christi«: »Als Menschen, die zu Christus gehören, bilden wir alle ein unteilbares Ganzes; aber als einzelne stehen wir zueinander wie Teile mit ihrer besonderen Funktion« (Röm 12,5). Die Bürde, die diese Frau trägt, wird auf diese Weise zu einer Bürde, an der die ganze Gemeinde Anteil hat. »Helft einander, eure Lasten zu tragen. So erfüllt ihr das Gesetz, das Christus uns gibt«, schreibt Paulus (Gal 6,2), und an anderer Stelle: »Wenn irgendein Teil des Körpers leidet, leiden alle anderen mit. Und wenn irgendein Teil geehrt wird, freuen sich alle anderen mit« (1 Kor 12,26). Diese beiden Passagen machen noch einmal deutlich, dass wir Christen uns alle intensiver um Frauen kümmern sollten, die sich in der prekären Situation befinden, am »fremden Joch« mit ungläubigen Männern zu ziehen.

»Kein Problem!«, sagen Sie vielleicht. »Schließlich erwähnen wir den Ehemann in unserem Hauskreis und wir beten regelmäßig für ihn. Und er war auch schon oft mit auf dem Gemeindeausflug – und einmal sogar bei einem christlichen Konzert!«

Aber reicht das aus? Ich bezweifle es. Unter »Mittragen« stelle ich mir jedenfalls erheblich mehr vor als eine gelegentliche (oder auch regelmäßige) Fürbitte. Was mir vorschwebt, ist eine »Nichtchristliche-Ehemänner-Arbeit«. Wir bieten Dienste an für Kinder, Studenten, Singles und Ehepaare. Wir haben Bibel- und Hauskreise für Interessierte und Fortgeschrittene, Info- und Kontaktgruppen, Offene Gottesdienste und Vorträge für jedermann. Und warum haben wir keine Bibelkreise für Ehefrauen von Nichtchristen? Noch anders gefragt: Warum haben wir keine Kreise für Frauen, die sie (zumindest gelegentlich) mit ihren ungläubigen Ehemännern besuchen können (ohne dass diese gleich »evangelisiert« werden)?

Wenn Sie auf diese Fragen keine Antwort wissen, möchte ich Ihnen vorschlagen, sich ernsthaft mit dem Gedanken auseinanderzusetzen, einen »etwas anderen« Dienst ins Leben zu rufen – sozusagen als »Pilotprojekt« für eine »Nichtchristliche-Ehemänner-Arbeit«.

Warum sollte man einen solchen Dienst ins Leben rufen?

Was die Ehefrauen von Nichtchristen vor allem brauchen, ist biblische Unterweisung mit praktischem Schwerpunkt »Wie kann ich das, was ich erkannt habe, in meiner ganz speziellen Situation um-

setzen?« Dies ist die Frage, die den betroffenen Frauen wahrscheinlich am dringendsten unter den Nägeln brennt. Wichtig ist auch, dass
sie bei anderen Frauen ein offenes Ohr und ein offenes Herz für ihre
Probleme finden, am besten bei solchen Frauen, die sich auf Grund
persönlicher Erfahrung mit der Problematik einer »Mischehe« iden-
tifizieren können.

Der Apostel Paulus schrieb an Titus, dass die älteren Frauen einen »guten Lebenswandel lehren« sollen. Sie müssen »die jüngeren
Frauen dazu anleiten, daß sie ihre Männer und Kinder lieben [...]«
(Tit 2,4). Es ist vor allem diese Gruppe von älteren Glaubensge-
schwistern, die die Aufgabe hat, die jüngeren, mit Nichtchristen Verheirateten auf ihrem schwierigen Weg zu begleiten.

Aller Anfang ist leicht!

Wenn ich Ihnen im Folgenden ein paar praktische Tips gebe, wie
eine »Nichtchristliche-Ehemänner-Arbeit« aussehen könnte, so tue
ich dies nicht, weil ich meine Erfahrungen zum Maßstab aller Dinge
machen möchte. Vielleicht ist Ihre Situation anders. Doch das, was
ich Ihnen jetzt beschreibe, ist nicht am grünen Tisch entstanden. Es
hat funktioniert und es funktioniert noch immer!

Es fing damit an, dass ich mich bei der Leitung unserer Kirchengemeinde rückversicherte, ob sie damit einverstanden war, dass ich
mit einigen anderen Frauen zusammen eine solche Arbeit ins Leben
rief. Nachdem der Gemeindevorstand grünes Licht gegeben hatte,
gründete ich mit vier weiteren Frauen zusammen einen Planungs-
kreis. Ich erzählte meinen Freundinnen, wie sehr mir diese Arbeit am
Herzen lag und dass ich immer wieder den Bedarf dafür verspürt hatte, besonders in meiner bisherigen Bibelgruppe, in der fast die Hälfte
der Frauen mit Nichtchristen verheiratet war. Zuerst führten wir ein
Brainstorming durch und sammelten einfach nur Erfahrungen und
Ideen. Dabei kam Folgendes heraus:

Zunächst einmal war es uns wichtig, dass unser neuer Kreis sich
nicht allzu oft traf. Die »Nichtchristliche-Ehemänner-Arbeit« war eine reine Zusatzaktivität in unserer Gemeinde und sollte keinesfalls
wertvolle Mitarbeiterinnen irgendwo anders abziehen. Wir waren

uns schnell einig: »Ein Treffen pro Monat reicht!« Das schloss nicht
aus, dass zwischendurch immer wieder Veranstaltungen stattfinden
konnten, zu denen die Frauen dann ihre Männer mitbrachten: Grill-
abende, Sportveranstaltungen, Töpfer- und Malkurse, Filmvorfüh-
rungen, Konzerte und Ausflüge. Wenn Ihnen die Organisation zu
aufwendig erscheint, können Sie auch einfach öfter mal eine gemeinsame Wanderung durchführen.

Ferner war uns wichtig, dass der Kreis für alle Frauen von Nichtchristen offen sein sollte, besonders auch für diejenigen, die noch
berufstätig waren. Wir entschieden uns darum für ein abendliches
Treffen, das pünktlich um 19 Uhr beginnen sollte. Ebenso verbind-
lich war der Schluss, nämlich Punkt 21 Uhr, damit die Frauen zeitig
wieder zu Hause waren und keiner der Ehemänner Grund hatte, sich
zu beklagen, dass sich die Frau »dauernd in der Gemeinde herum-
treibt«. Dann arrangierten wir eine Kinderbetreuung, was den Vorteil
hatte, dass dann auch die Männer entlastet wurden und ein paar zu-
sätzliche »freie Stunden« hatten. Da sich in unserer Kirchengemeinde niemand fand, der die Zeit hatte, uns regelmäßig einen Vortrag
oder eine Predigt zu halten, kümmerten wir uns um auswärtige Referenten. Und da das Ganze auch etwas kostete, bekamen wir die Er-
laubnis, einige Kollekten speziell für diese Veranstaltung durchzu-
führen.

Checkliste

Die folgende Checkliste basiert auf unseren eigenen Erfahrungen.
Wenn ich übrigens oben gelegentlich von einem »Hauskreis« gesprochen habe, so heißt das nicht unbedingt, dass die Veranstaltung
in einem Privathaushalt durchgeführt werden muss. Es ist vielleicht
weniger gemütlich, hat aber auch Vorteile, wenn Sie die Gemeinde-
räume für diesen Zweck zur Verfügung gestellt bekommen. Vergessen Sie auch nicht, dass Sie für die rein organisatorische Arbeit noch
einige Mitarbeiter brauchen! Ihnen obliegt es, die Einladungszettel
zu verteilen, für die Ankündigung zu sorgen, Termine abzusprechen,
Bücher bereitzustellen und zu verleihen, Stühle zurechtzurücken,
Getränke zu verteilen und so weiter und so fort.

Einen Monat im Voraus:
Das Thema auswählen und den Referenten einladen

Am besten bitten Sie den Referenten um eine Vorabinformation und verteilen einen Vorbereitungszettel (eine Art »Hausaufgabe«). Wählen Sie die Sprecherin oder den Sprecher sorgfältig aus. In Frage kommen: Pastoren und Ehefrauen von Nichtchristen (mit langjähriger Erfahrung). Achten Sie auf Mitbestimmung bei der Themenauswahl seitens Ihrer Teilnehmerinnen!

Zwei Wochen vorher:
Bestätigung des Termins

Rückversicherung bei der Gemeindeleitung, ob der Saal/Vortragsraum zur Verfügung steht. Anschlag am Schwarzen Brett und/oder Hinweis im Gemeindebrief, Aushang etc. (öfter mal nachschauen, ob der Aushang noch hängt!).

Eine Woche vorher:
Nochmalige Einladung der Interessentinnen

Achtung: Das Wort »ungläubiger Ehemann« o. Ä. sollten Sie aus den offiziellen Einladungen, die diesen Männern auch zugänglich sind, lieber heraushalten. Es könnte für sie beleidigend klingen!

Wenige Tage vorher:
Die letzten Vorbereitungen

Namensschilder und Teilnehmerlisten anfertigen, sich um das Material kümmern, das am Abend des Vortrags verteilt wird (Gang zum Copy-Shop etc.). Erstellen der Literatur-Liste. Büchertisch vorbereiten.

Am Veranstaltungsabend

Seien Sie, selbst wenn alles vorbereitet ist, immer eine Viertelstunde vorher da! Dasselbe gilt natürlich für die Referentin bzw. den Referenten. Sorgen Sie dafür, dass die Teilnehmerinnen herzlich begrüßt werden. Jede Frau sollte ein Namensschild tragen. Der Büchertisch sollte hübsch gestaltet sein und es sollte genügend Zeit zur Verfügung stehen, sich mit dem ausgelegten Material vertraut zu machen.

Ablauf der Veranstaltung

1. Pünktlicher Beginn um 19:00 Uhr.
2. Die Person, die die Leitung des Abends hat, begrüßt die Anwesenden und erläutert Sinn und Zweck der Veranstaltung.
3. Begrüßung der Gäste und der Referentin/des Referenten.
4. Lockere individuelle Begrüßungszeit (»Sagen Sie Ihrer Nachbarin Guten Abend!«) für etwa fünf Minuten.
5. Einführendes Gebet durch die Referentin/den Referenten.
6. Vortrag (»Man darf über alles reden, nur nicht über 30 Minuten!«)
7. Fragen und Diskussion. Zunächst ist Gelegenheit, Fragen zum Thema zu stellen (Publikum). Dann wird untereinander weiter geredet (Kleingruppen). Die Kleingruppengespräche sind von entscheidender Bedeutung. Hier kommen die wirklichen Probleme auf den Tisch!
8. Gebet in den Kleingruppen (nach vorherigem Austausch von Gebetsanliegen). Ermutigen Sie die Frauen, sich Gebetspartnerinnen zu suchen und sich mit ihren (vielleicht) neuen Freundinnen auch außerhalb der Veranstaltungen zu treffen!
9. Pünktlicher Schluss um 21:00 Uhr (keine Ausnahmen, sonst haben Sie schlecht geplant). Denken Sie daran, wie wichtig es ist, dass die Ehemänner keinen Grund haben, sich über das lange Wegbleiben ihrer Frauen zu beschweren.

Sinn und Zweck eines Arbeitskreises für Ehefrauen von Nichtchristen

Eine »Arbeit für die Ehefrauen von Nichtchristen«, so wie ich sie Ihnen hier kurz vorgestellt habe, hat vielfältige Ziele. Zwei erwähnte ich bereits: den Frauen nichtchristlicher Ehemänner einen Rahmen zu bieten, in dem sie sich mit anderen Frauen, die sich in derselben Situation befinden, treffen, austauschen und – hoffentlich – gegenseitig helfen können. Dabei sollten die ganz besonderen Nöte und Bedürfnisse dieser Frauen im Vordergrund stehen.

Hinzu kommt, dass ein solcher Kreis die Möglichkeit bietet, Frauen in einer solchen Situation biblisch zu unterweisen, das heißt, ihnen ganz praktisch zu zeigen, wie sie zu Ehefrauen werden können, die dem im 1. Petrusbrief, Kapitel 3, Vers 1 vorgestellten Ideal entsprechen. Ich sagte bereits, dass der praktische Aspekt ganz wichtig ist. Ein Großteil der Zeit sollte darum guten Gewissens darauf verwendet werden, Lösungsmöglichkeiten für diejenigen Probleme anzubieten, die den Frauen unter den Nägeln brennen (»Was tue ich, wenn …«; »Welche Erfahrungen habt ihr gemacht?«) Mit Sicherheit wird es auch eine innere Stärkung für die Frauen bedeuten, wenn sie wissen, dass ihre Freundinnen für sie beten, ganz abgesehen davon, dass Gott nach ernsthaften Gebeten sicher auch manche äußeren Umstände verändern wird, wenn er dies für richtig hält.

Der Arbeitskreis für die Ehefrauen von Nichtchristen sollte sich übrigens keinesfalls damit zufrieden geben, im »eigenen Saft zu schmoren«. Früher oder später sollten die Ehemänner miteinbezogen werden – allerdings nicht als »Missionsobjekte«, sondern als Partner. Hin und wieder ist es darum für alle bereichernd, wenn sich im Rahmen dieser Arbeit Ehepaare treffen und gegenseitig kennen lernen, man etwas zusammen unternimmt und vielleicht sogar neue Freundschaften entstehen. Ganz nebenbei bemerkt: Auch wenn die Ehemänner nicht zu biblischen Vorträgen kommen – allein das Zusammensein mit gutgelaunten, freundlichen, gläubigen Menschen ist »Evangelisation« genug!

»Es ist wirklich toll!«, erzählte mir Lucy neulich und strahlte vor Begeisterung. »Mein Mann und ich gehen jetzt zusammen in die Gemeinde und es ist eine abgemachte Sache, dass er dort nicht missioniert wird. Wir treffen uns an der Kirche und ziehen dann alle zusammen los, zum Stadtbummel, zum Sportplatz oder was gerade auf dem Programm steht. Und das Beste: Er findet meine christlichen Freunde und Bekannten nett. ›Die sind ja gar nicht so fromm, wie ich dachte!‹, meinte er neulich – und das war aus seinem Mund für mich ein Riesenkompliment!«

Wir haben unsere Ziele übrigens auch schriftlich festgelegt und ich möchte sie Ihnen nicht vorenthalten. »Unser Arbeitskreis für Ehefrauen von Nichtchristen hat folgende Ziele: 1. auf ihre speziellen Nöte und Bedürfnisse eingehen; 2. ihre Aufmerksamkeit weg von ihren Problemen und hin zu unserem Herrn Jesus lenken, auf seinen Plan für ihr Leben und auf die Lösungsmöglichkeiten, die sein Wort für jede spezielle Lebenssituation bietet; 3. den Frauen einen Rahmen bieten, in dem sie sich wohl fühlen und offen mit anderen Frauen reden können, die sich in derselben Situation befinden.«

Erwarten Sie Wunder!

Es wird heute in christlichen Kreisen viel über »Zeichen und Wunder« geredet. Für mich ist und bleibt das größte Wunder auf dieser Erde die Umkehr eines Nichtchristen! Was gibt es Schöneres, als wenn die Ehefrau eines Nichtchristen eines Tages ihren Freundinnen berichten kann, dass ihr Mann nach vielen Jahren zum Glauben gefunden hat und nun auch in geistlicher Hinsicht mit ihr vereint ist!

Neulich wurde in unserer »Nichtchristliche-Ehemänner-Arbeit« an die Mitglieder folgender Rundbrief verschickt:

»Liebe Freundinnen im Arbeitskreis ›Ungleiches Joch‹,

mit einem (kleinen) weinenden und einem (riesengroßen) lachenden Auge möchte ich mich von euch verabschieden. Gott sei Dank erfülle ich nämlich nicht mehr die Voraussetzungen für die Mitgliedschaft in unserem Kreis! Ihr habt richtig gelesen, mein Mann hat Jesus Christus als seinen Herrn und Erlöser angenommen! Ich kann euch gar nicht sagen, wie glücklich ich bin!
Als meine letzte ›Amtshandlung‹ in unserem Kreis möchte ich euch aber noch von diesem großen Ereignis berichten. Kommt darum bitte alle am nächsten Freitag Abend, wie gewohnt, um 19:00 Uhr in unsere Gemeinde. Thema: ›Hurra, wir verlieren wieder ein Mitglied!‹ Special Guest: mein Ehemann!!!

Viele Grüße, eure Christine«

Was ist mit Ihnen? Wie wäre es mit Ihrer Gemeinde? Wenn Sie mit einem Nichtchristen verheiratet sind, wäre es für Sie vielleicht eine große Hilfe, wenn Sie sich mit anderen Frauen darüber austauschen könnten.

Wenn auch Sie so etwas erleben wollen, sollten Sie sich nicht scheuen, auch in Ihrer Gemeinde einen »Arbeitskreis ›Ungleiches Joch‹« (oder wie immer Sie ihn nennen möchten) ins Leben zu rufen. Dieses Arbeitsbuch konnte Ihnen hoffentlich die nötigen Denkanstöße geben. Nur Mut! Es wird schon klappen. Sie haben nichts zu verlieren – nur Frucht für die Ewigkeit zu gewinnen. Gott segne Sie!

Studienteil

1. Schlagen Sie bitte die folgenden Bibelstellen nach und beantworten Sie dann die gestellten Fragen. Beziehen Sie in Ihre Antworten nicht nur den Inhalt der Verse ein, sondern auch das, was Sie (hoffentlich!) aus diesem Buch gelernt haben.

   1. *1. Petrus 3,1-2:* Wie sollte eine christliche Ehefrau versuchen, ihrem ungläubigen Mann Zeugnis zu geben?

   _____

   _____

   _____

   2. *Kolosser 3,18:* Wie kann eine christliche Ehefrau ihren Mann achten und ehren, wenn dieser sich sehr »weltlich« benimmt?

   _____

   _____

   _____

   3. *1. Thessalonicher 5,17; Epheser 5,18:* Wie kann sich die Ehefrau um eine gütige und milde Wesensart bemühen?

   _____

   _____

   _____

   4. *1. Korinther 2,14:* Wie kann eine christliche Mutter ihren Kindern erklären, dass der Vater flucht, sich betrinkt, nichts vom Beten und Kirchgang hält, ohne dabei dessen Position als Familienoberhaupt zu unterminieren?

   _____

   _____

   _____

5. *1. Petrus 3,15:* Was kann die Ehefrau eines Nichtchristen dafür tun, dass das schlechte Beispiel ihres Mannes nicht auf die
   Kinder abfärbt?

   _____

   _____

   _____

6. *Epheser 4,15:* Wie und wann kann es eine christliche Ehefrau
   verantworten, ihren Mann zu »weltlichen« gesellschaftlichen
   Veranstaltungen zu begleiten, selbst wenn sie die einzige
   Christin dort ist?

   _____

   _____

   _____